Anselm Grün

Inseln
im Alltag

Anselm Grün

Inseln im Alltag

Benediktinische Exerzitien

Vier-Türme-Verlag

Bibliografische Information der Deutschen Nationalbibliothek
Die Deutsche Nationalbibliothek verzeichnet diese Publikation in der Deutschen Nationalbibliografie. Detaillierte bibliografische Daten sind im Internet über http://dnb.d-nb.de abrufbar.

Ohne Folie
Für unsere Umwelt

in Deutschland
produziert

MIX
Papier aus verantwortungsvollen Quellen
FSC
www.fsc.org
FSC® C014889

2. Auflage 2022

Lektorat: Marlene Fritsch
Satz: Matthias E. Gahr
Umschlaggestaltung: wunderlichundweigand
Umschlagmotiv: Andrea Langenbacher
Druck und Bindung: Pustet, Regensburg
ISBN 978-3-7365-0358-8

www.vier-tuerme-verlag.de

Inhalt

Inhalt

Einleitung

Wenn heute von Exerzitien die Rede ist, sind damit in der Regel die geistlichen Übungen gemeint, die auf Ignatius von Loyola, den Gründer des Jesuitenordens, zurückgehen und seither weite Verbreitung gefunden haben. Viele Exerzitienmeister und damit auch die Praktikanten dieser Übungen richten sich nach dem Schema, das Ignatius vorgegeben hat. Allerdings passen sie die Struktur häufig jeweils der konkreten Situation an. Die Exerzitien, die Ignatius beschrieben hat, waren auf dreißig Tage angelegt. Auch heute noch üben Menschen, die dem Jesuitenorden angehören, mehrmals in ihrem Mönchsein diese ursprüngliche Form. In allen anderen Zusammenhängen dauern Exerzitien heute in der Regel nur eine Woche. Das ursprüngliche Schema wird dann auf diese eine Woche heruntergebrochen und reduziert.

Immer wieder werde ich gefragt, ob es nichts Vergleichbares in unserem Orden gibt, also so etwas wie benediktinische Exerzitien. Bisher habe ich das immer verneint – bis ich auf eine Spur stieß: In den letzten Jahren wurde in der Literatur immer wieder darauf hingewiesen, dass Ignatius beim Verfassen seines Exerzitienbuches stark von einer

Schrift beeinflusst wurde, die der Reformabt von Montserrat, García Jimenez de Cisneros (1455–1510), verfasst hatte. So schrieb schon 1607 der spanische Jesuit und Ignatius-Biograf Pedro de Ribadeneira in einem Brief an Francisco Girón:

»Es ist eine alte und sehr bekannte Sache unter den Patres Unserer Lieben Frau von Montserrat (...), dass unser seliger Vater Ignatius auf dem Montserrat vom Buch oder Exercitatorio des Paters Fray García Jimenez de Cisneros Kenntnis hatte und daraus in den Anfängen Nutzen für sein Gebet und seine Betrachtung gezogen hat, dass ihn Pater Fray Jean Chanon instruiert und ihn einige Dinge daraus gelehrt hat und Ignatius, als er sein Buch, das er danach verfasste, Ejeercicios Espirituales nannte, den Namen von dem Buch oder Exercitatorio des Pater Fray García nahm« (zitiert bei Steinke, 39; siehe ausführlicher hierzu in der Einführung von Stephan Hecht zum Buch: García Jiménez de Cisneros, Exerzitien des geistlichen Lebens. Exercitatorio de la vida spiritual, 15f).

Von diesem Exerzitienbuch des benediktinischen Reformabtes, das damals weit verbreitet war, gab es eine Kurzfassung: »Compendio breve de ejercicios espirituales«. Johannes M. Steinke SJ hat in seinem oben zitierten Buch nachgewiesen, dass Ignatius von Loyola vor allem diese Kurzfassung benutzt hat. Manche seiner Formulierungen lehnen sich eng an den Text des Abtes García Jiménez de Cisneros an. Dennoch hat Ignatius daraus etwas ganz

Neues geschaffen: Die Exerzitien von Cisneros richten sich an Mönche, während sich Ignatius nicht nur an Mitglieder des Jesuitenordens, sondern an alle Christen wandte, die einen spirituellen Weg gehen wollen.

Bei Ignatius ist das zentrale Thema die Wahl, welchen Lebensweg jemand einschlagen will. Es sind also letztlich Exerzitien, um zu einer Entscheidung zu gelangen – im besten Fall zu der, auf seine ganz persönliche Weise Jesus nachzufolgen und Gott durch seinen Dienst zu verherrlichen. Abt García geht es eher um den Weg einer tieferen Gotteserfahrung. Er bezieht sich dabei auf die drei Wege christlicher Mystik: den Reinigungsweg, den Erleuchtungsweg und den Einigungsweg. Eigentlich war das Exerzitienbuch von Cisneros wie gesagt für Mönche gedacht. Doch dieser Weg wachsender Gotteserfahrung ist eigentlich allen Menschen möglich.

Steinke stellt in seinem Buch die Frage, warum die Exerzitien des Ignatius weite Verbreitung gefunden haben, das Exerzitienbuch von Cisneros dagegen in Vergessenheit geriet. Er meint, dass bei Ignatius »die Lebenswahl und die Entdeckung des individuellen Willens Gottes für eine Sendung in die Welt« im Mittelpunkt stehen (Steinke, 49). Ignatius wendet sich also an den Menschen der Neuzeit, während Cisneros mit seinem mystischen Weg dem Mittelalter verhaftet bleibt. Doch diese Gegenüberstellung möchte ich nicht so stehen lassen. Zum Ersten sind uns auch die Schattenseiten des Individualismus der Neuzeit deutlich geworden. Heute verstehen wir den Menschen wieder mehr als einen, der auf Beziehungen aus ist, der Gemeinschaft sucht. Cisneros wendet sich an Mönche, die in einer Gemeinschaft leben. Im Glauben geht es in unseren Zeiten darum, wie wir das Individuelle und das Gemeinsame wieder verbinden können. Meine Erfahrungen in Asien zeigen mir, dass dort der Gemeinschaftscharakter des spirituellen Lebens viel stärker verankert ist. Der Individualismus ist also typisch europäisch und hier in den letzten fünfzig Jahren auch an seine Grenzen gekommen.

Zum anderen ist Mystik für mich nicht etwas Mittelalterliches. Gerade in den letzten Jahrzehnten ist in Europa eine neue Wendung hin zur Mystik zu beobachten. Der katholische Theologe und Religionswissenschaftler Joseph Bernhart sieht in jedem Menschen das Mystische als sein »Verlangen und Langen ins Letzte und Ganze aller Wirklichkeit« (Bernhart, 906). Er ist überzeugt, »dass es zum Wesen des Menschen gehört, über den Menschen hinauszutrachten« (Bernhart, 907). Dem Mystiker geht es »um die Wirklichkeit unserer Tiefenperson, den Quellgrund unseres Selbst, den Ort all jener Gewissheit, der auszuweichen gleichkommt dem Ruin des Menschen« (Bernhart, 908). Was Bernhart aus seiner Erforschung der christlichen Mystik folgert, lässt sich heute ähnlich in der transpersonalen Psychologie wiederfinden. Für den berühmten Vertreter dieser Richtung, Abraham Maslow, gehören die spirituelle Offenheit und das Mystische wesentlich zum Menschen: »Ohne es ist die menschliche Natur nicht vollständig die menschliche Natur. Es gehört zum Wahren Selbst, zur Identität, zum Kern des Menschen« (Maslow, 147).

Mystik ist dabei nicht als etwas Weltfernes zu verstehen. Sie ist auch nicht nur ein rein spiritueller Weg, nicht nur ein Weg wachsender Gotteserfahrung. Der mystische Weg hat auch eine psychologische Dimension. Er führt den Menschen zu seiner Ganzwerdung. Man könnte ihn auch als den Weg wachsender Selbstwerdung bezeichnen, der zugleich ein Weg des Heilwerdens ist.

Die zentrale Frage der ignatianischen Exerzitien ist: Was will Gott von mir? Wie kann ich seinen Willen erkennen und befolgen? Die zentrale Frage der benediktinischen Exerzitien ist: Wie finde und erfahre ich Gott und wie finde ich zu meinem wahren Selbst, zu dem einmaligen Bild, das Gott sich von mir gemacht hat? Und: Wie werde ich gesund? Der mystische Weg ist immer auch ein therapeutischer Weg, der uns zur Gesundheit und zur inneren Freiheit führen möchte. Es geht dabei darum, sich vom Geist Jesu immer mehr reinigen und erleuchten zu lassen und durch Christus eins zu werden mit Gott und mit unserem innersten Selbst.

Immer wieder wird mir bewusst, dass der benediktinische Weg heute durchaus für viele Menschen anziehend ist. Das zeigt sich mir besonders deutlich am Interesse, das viele moderne Führungskräfte an unserer Spiritualität haben. Es geht also darum, wie wir in Gemeinschaft einen spirituellen Weg gehen können. Und es macht deutlich, dass dieser spirituelle Weg uns nicht aus der Welt hinaus führt, sondern in sie hinein, dass er uns zu einem bewussteren Menschsein und zu einem reifen Selbst führen möchte.

Wenn es also gelingt, den Exerzitienweg des Cisneros auf dem Hintergrund der benediktinischen Tradition in eine moderne Sprache zu kleiden, kann er auch heute für viele Menschen richtungsweisend sein. Die Wahl des Lebensweges und der Wille Gottes für ihre persönliche Sendung in die Welt ist zwar nach wie vor ein wichtiges Thema für Christen. Aber genauso stark ist die Sehnsucht nach einem Weg, auf dem wir mehr und mehr in die einmalige Gestalt hineinwachsen, die Gott uns zugedacht hat. Der mystische Weg geht vom Sein aus und nicht vom Sollen, bei dem Ignatius ansetzt. Die mystische Sicht fragt also zuerst danach, wer wir sind, und nicht danach, was wir tun sollen.

Der mystische Weg folgt letztlich der griechischen Philosophie, der es auch in erster Linie um die Frage geht: Wer und was ist der Mensch? Erst in zweiter Linie hat die Philosophie danach gefragt, welches Tun unserem Wesen als Mensch entspricht. Aus der Ganzwerdung des Menschen und aus seiner wachsenden Gotteserfahrung strömt dann auch ein neues Verhalten, das diese Welt verwandelt. Nicht umsonst verbindet Benedikt in dem berühmten Motto »ora et labora« das Gebet (ora) mit der Arbeit (labora): Das Gebet will sich in der Gestaltung der Welt ausdrücken.

Die Struktur, die Ignatius seinen Exerzitien gegeben hat, sieht vor, dass sich der Übende dreißig Tage frei nimmt und dann jeden Tag fünf Mal je eine Stunde Zeit für das Gebet und die Meditation reserviert. Cisneros dagegen baut seine Exerzitien so auf, dass der Mönch seinen normalen Lebensrhythmus weiter beibehalten kann. Allerdings soll er sich in der ersten Woche nach der morgendlichen Matutin, der ersten Gebetszeit des Tages, eine Stunde Zeit nehmen für die geistliche Übung, in den folgenden Wochen dann jeweils eine Stunde nach der Komplet, der letzten Gebetszeit des Tages. Die Exerzitien sind also in den Alltag eingebaut. Grundsätzlich ist durch die Struktur der benediktinischen Exerzitien jedoch beides möglich: Entweder nimmt man sich eine Woche Zeit, sich in der Stille den geistlichen Übungen zu widmen – allein oder mit einem geistlichen Begleiter. Oder man reserviert sich während des Alltags jeden Tag eine Stunde, um sich dem Gebet oder der Meditation zu widmen. Dabei eignen sich die Fasten- oder Adventszeit besonders gut für Exerzitien im Alltag. Auf diese Weise werden die benediktinischen Exerzitien für jeden Christen zur Gelegenheit, seinen Glauben zu vertiefen und auf dem Weg der Selbstwerdung weiterzukommen.

Viele spirituelle Meister lehren heute, dass man einen geistlichen Begleiter braucht, um Exerzitien durchführen zu können. Das kann durchaus hilfreich sein. Aber ich sehe darin auch die Gefahr, sich von diesen geistlichen Begleitern abhängig zu machen. Und darin steckt oft auch der Anspruch von Machtausübung: Man macht anderen deutlich, dass man sie aus sich heraus nicht für reif genug hält, selbst einen Weg mit und zu Gott zu finden. Natürlich war im alten Mönchtum die geistliche Begleitung durch den erfahrenen Mönchsvater wichtig.

Aber heute geht es auch darum, dem Einzelnen Mut zu machen, in der Begegnung mit Gott und mit den Texten der Bibel seinen eigenen Weg zu finden. Für mich atmen die benediktinischen Exerzitien eine Atmosphäre von dem Vertrauen darauf, dass jeder in sich eine innere Weisheit trägt. Diese kann durch einen geistlichen Begleiter geweckt werden. Wir können damit aber auch in Berührung kommen, indem wir uns auf einen biblischen Text einlassen oder eine Übung ausprobieren, zu der uns der Text einlädt.

Die frühen Mönche haben oft keine theoretischen Erklärungen abgegeben, wie der Einzelne sein Leben verstehen soll. Sie haben ihm einfach Übungen aufgegeben. Diese sollte er manchmal sogar jahrelang praktizieren. Sie waren überzeugt: Dann wird sich sein Leben wandeln. Eine dieser beliebten Übungen war zum Beispiel der Satz: »Geh hin, schweige und miss dich nicht mit anderen.« Wer eine solche konkrete Übung ein Jahr lang praktiziert, wird die innere Verwandlung auf seinem Weg zu seinem wahren Selbst und auf seinem Weg zu Gott erfahren.

In beiden Exerzitienbüchern, dem Cisneros und dem des Ignatius, steckt viel Weisheit. Dennoch müssen wir heute sowohl ihre Sprache als auch die Methoden in unsere Zeit hinein übersetzen. Zum Beispiel ist uns die manchmal übertrieben genaue und intensive Auseinandersetzung mit der Hölle und den Sünden eher fremd. Viele interpretieren die ignatianischen Exerzitien heute auch mehr von der Mystik her. Es geht ihnen um die Erfahrung Gottes und nicht mehr nur um die Lebenswahl oder um Entscheidungen im persönlichen Leben, um die es Ignatius ging.

Ich möchte daher die Exerzitien des Cisneros verheutigen, indem ich sie mit den Erfahrungen der frühen Mönche verbinde und wie sie den mystischen Weg immer auch als einen spirituellen Weg der Ganzwerdung und Selbstwerdung verstehe. Der mystische Weg hat also grundlegend schon eine psychologische Dimension.

Cisneros kennt mit der mystischen Tradition einen dreifachen Weg: den Reinigungsweg, den Erleuchtungsweg und den Einungsweg. In psychologischen Termini ausgedrückt geht es zunächst um die Reinigung der Emotionen und die Befreiung von krankmachenden Lebensmustern. Der Erleuchtungsweg erhellt das Denken des Menschen, sodass er sich seiner selbst und Gottes immer klarer bewusst wird. Der Einungsweg führt zum Einswerden mit Gott, aber auch zum Einswerden mit sich selbst, mit der Schöpfung und mit allen Menschen. Eins zu werden mit mir selbst bedeutet auch, eins zu werden mit meinen Schattenseiten, mit meinen Wunden und Verletzungen. Es ist also ein Heilungsweg. Aber es geht nicht nur um meine persönliche Heilung, sondern um einen neuen Umgang mit anderen Menschen und mit der Natur.

Der mystische Weg ist also nichts Abstrakt-Weltfremdes, sondern ein Weg, der in eine tiefere Einheit mit allen Menschen führt. So haben es schon die frühen Mönche verstanden. Evagrius Ponticus schreibt dazu im vierten Jahrhundert:

»Ein Mönch ist ein Mensch, der sich von allem getrennt hat und sich doch mit allem verbunden fühlt« (Über das Gebet, Nr. 124). »Ein Mönch weiß sich eins mit allen Menschen, denn immerzu findet er sich in jedem Menschen« (Über das Gebet, Nr. 125).

Der mystische Weg ermöglicht dem Menschen also eine vertiefte Form der Solidarität, die aus dem Sein entspringt und nicht aus einer moralischen Forderung heraus.

In diesem Buch gehe ich daher von den drei Wegen aus, die Cisneros bereits in seinen Exerzitien vorgeschlagen hat, interpretiere diese aber jeweils durch biblische Texte. Zudem biete ich am Ende jedes Abschnitts eine Idee für eine persönliche Meditation oder Übung an. Die konkrete Form der Exerzitien kann jeder für sich bestimmen. Sie können sie beispielsweise in Ihren Alltag einbauen, etwa in der Fasten- oder Adventszeit. Oder sich jede Woche am Samstag oder Sonntag Zeit für einen Text und die entsprechende Meditation nehmen. Lassen Sie sich dann von dem Text die ganze Woche über begleiten und wiederholen Sie jeden Tag die kurze Meditation, die ich am Ende jeder biblischen Auslegung vorschlage. Dann dürfen Sie darauf vertrauen, dass Ihr geistliches Leben vertieft wird und Sie auch auf dem Weg zu Gott und zu sich selbst weiterkommen.

Man kann diese Exerzitien auch in einer Gruppe durchführen, beispielsweise als »Exerzitien im Alltag«. Dann könnte sich eine Gruppe zusammenfinden, die sich in der Fastenzeit ein- oder zweimal in der Woche trifft und sich auf einen Text und eine Übung einlässt. Beim nächsten Treffen gibt es dazu einen Erfahrungsaustausch. Anschließend schaut man sich gemeinsam einen weiteren Text samt Übung an und gibt dazu Anregungen. So fühlt man sich getragen von der Gemeinschaft und erlebt, welche Erfahrungen andere mit dem biblischen Text und mit den Exerzitien machen. So finden die Exerzitien nicht nur im Alltag statt, sondern führen auch in den Alltag. Sie helfen, diesen auf neue Weise aus dem Glauben heraus zu verwirklichen.

Benediktinische Exerzitien

Die benediktinischen Exerzitien sind ähnlich wie die benediktinische Spiritualität nicht an Idealen ausgerichtet. Das heißt, sie fordern uns nicht ständig dazu auf, nach dem Willen Gottes zu leben. Es geht auch nicht darum, immer neue gute Vorsätze zu fassen, um sie dann im Alltag doch nicht umsetzen zu können. Vielmehr geht es um die Verwandlung des Menschen, letztlich um seine Ganzwerdung. Dazu gehört auch, sich so zu akzeptieren, wie man ist – mit allen Ecken und Kanten, mit allem Schwierigen und allen Begabungen.

Zudem geht es um ein Wachsen in der Gottesbeziehung. Im Zentrum steht dabei die mystische Erfahrung Gottes, die durch die Reinigung, Erleuchtung und Einung möglich wird. Der Weg zu dieser mystischen Erfahrung verlangt allerdings von uns durchaus auch ein Tun. Im Umgang mit unseren Emotionen und Leidenschaften sollen wir uns reinigen von allen Trübungen. Auf dem Weg der Erleuchtung sollen wir alles, was in uns verdrängt und verborgen ist, aufdecken und in Gottes Liebe und Licht halten. Auf dem Weg der Einung geht es darum, sich von der Liebe Gottes durchdringen zu lassen, damit ein liebevolles Verhalten im Umgang mit anderen möglich wird. In erster Linie geht es jedoch um den Weg wachsender Gotteserfahrung und Selbstwerdung.

Das Wort, das Jesus am Ende der Bergpredigt sagt, gilt auch für uns: »Ihr werdet vollkommen sein, wie euer himmlischer Vater vollkommen ist« (Matthäus 5,48). Vollkommen heißt nicht, fehlerfrei, perfekt zu sein, sondern ganz zu sein, eins zu sein mit sich und mit Gott. Für den Evangelisten Matthäus heißt es auch, ganz in der Liebe zu sein, fähig zu sein, sich ganz hinzugeben. Wer Gott erfährt, der hat teil an seiner Liebe. Daher schließt Jesus im Lukasevangelium seine Feldrede mit dem Satz: »Ihr werdet barmherzig sein, wie auch euer Vater barmherzig ist« (Lukas 6,36).

Das griechische Wort *oiktirmon*, das oft mit barmherzig übersetzt wird, meint eigentlich: mitfühlend sein. Wer auf dem Reinigungsweg, Erleuchtungsweg und Einungsweg mit Gott und den Menschen eins geworden ist, der fühlt liebevoll mit allen Menschen, auch – wie es im Buddhismus weiter entfaltet wird – mit den Pflanzen und Tieren, mit dem ganzen Kosmos. Das Wesen Gottes ist mitfühlende Liebe. In den benediktinischen Exerzitien geht es darum, an dieser mitfühlenden Liebe Gottes teilzuhaben und so immer mehr eins zu werden mit sich selbst, mit den Menschen und mit Gott.

Dieser Weg der benediktinischen Exerzitien ist nicht nur für Mönche und besonders spirituelle Menschen gedacht. Er bietet jedem Suchenden an, sich auf den Weg zu machen und auf diesem Weg menschlich zu wachsen. Denn Reinigung, Erleuchtung und Einung beziehen sich sowohl auf den Weg menschlicher Selbstwerdung als auch auf den Weg der Gotteserfahrung. So gehören für die benediktinische Spiritualität der Weg zu Gott und der Weg zu sich selbst zusammen.

Der benediktinische Weg spricht heute die Sehnsucht vieler Menschen an. Es ist die Sehnsucht nach einem erfüllten, sinnvollen Leben, vor allem aber nach einem Leben aus der Einheit mit Gott, das nicht in erster Linie aus Forderungen besteht, sondern aus der Verheißung der Verwandlung, dass wir uns mehr und mehr für das unbegreifliche Geheimnis Gottes öffnen und so ein Gespür bekommen für das Geheimnis des Menschseins. Die Erfüllung des Menschseins, die Ganzwerdung des Menschen, erfolgt über die immer größere Öffnung Gott gegenüber. Wenn Gott alles in uns durchdringt, erleuchtet und vereint, dann werden wir zu dem einmaligen Menschen, als den uns Gott gedacht hat. Dann leuchtet das ursprüngliche und unverfälschte, das ungetrübte und unverletzte Bild Gottes in uns auf. Und wenn es aufleuchtet, dann strahlt es auch auf die Menschen in unserer Umgebung. Dann werden wir zum Segen für andere.

Der Weg der Reinigung

Abt García Jiménez de Cisneros beginnt seine Exerzitien damit, seine Sünden zu bekennen und darüber zu weinen beziehungsweise sich vorzustellen, wie sehr seine Sünden Gott betrüben. Das Gleiche empfiehlt er dem Leser beziehungsweise demjenigen, der sich auf den Weg der Reinigung begeben will. Der nächste Schritt ist für ihn dann, sich das Letzte Gericht vorzustellen und schließlich die Qualen des Fegefeuers und der Hölle. Dieser Einstieg spiegelt den Glauben und die Glaubenspraxis seiner Zeit wider und ist als Exerzitienweg so heute für uns sicher nicht mehr gangbar.

Der Weg, den die frühen Mönche beschreiben, war da deutlich nüchterner. Evagrius Ponticus, einer der wichtigsten Mönchsschriftsteller des vierten Jahrhunderts, versteht den geistlichen Weg als eine »spirituelle Methode, deren Ziel es ist, jenen Teil der Seele zu reinigen, der Sitz der Leidenschaften ist« (Über das Gebet, in der Einleitung von J. E. Bamberger, 11). Die Reinigung von den Leidenschaften oder, wie die Mönche sagen, von den *logismoi*, also gefühlsbetonten Gedanken oder Gedankengebäuden, wird möglich, indem wir uns den einzelnen Leidenschaften stellen, sie analysieren und die positive Kraft, die darin steckt, von der destruktiven Kraft, die ebenfalls darin zu finden ist, unterscheiden. Die positive Kraft sollen wir in unser Leben integrieren, von der negativen Kraft sollen wir uns befreien. Dabei geht es aber nicht nur um die Emotionen und Leidenschaften, sondern auch um die Reinigung von Projektionen, mit denen wir unser Leben verdunkeln. Und es geht um die Reinigung unbewusster Bilder, wie sie etwa in Traumbildern in uns auftauchen. Die Bilder im eigenen Unbewussten prägen unser Denken und Handeln. Daher braucht es eine Reinigung in den Tiefen der Seele, eine Umwandlung in den Tiefen des Geistes.

Eine Möglichkeit, um dahin zu gelangen und damit erste Schritte auf dem Weg der Reinigung zu gehen, ist das Schweigen, was in vielen Klöstern über kürzere oder längere Abschnitte praktiziert wurde. Im Schweigen werden wir mit unserer Wahrheit konfrontiert. Wenn wir diese Wahrheit aushalten, kann innere Reinigung geschehen. Voraussetzung dazu ist aber, dass wir uns selbst aushalten beziehungsweise es mit uns selbst aushalten.

So rät Abbas Mose, einer der berühmten Wüstenväter, einem jungen Mönch, der mit seinen verwirrenden Gedanken und Gefühlen nicht zurechtkommt: »Geh, setze dich in dein Kellion. Und dein Kellion wird dich alles lehren« (Apophthegmata patrum, Nr. 500). Wer vor seinem inneren Chaos nicht wegläuft, ihm nicht ausweicht, indem er in tausend Aktivitäten flieht, sondern es aushält, bei sich und in seiner Zelle bleibt, der erfährt innere Reinigung und wird seiner Wahrheit begegnen. Dann kann er diese Wahrheit Gott hinhalten, im Vertrauen, dass dieser alles, was da in der Zelle in ihm auftaucht, mit seinem Geist durchdringt und von allen lebenshindernden Kräften reinigt.

Der Weg der Reinigung ist also weniger ein moralischer, sondern eher ein psychologischer Weg. Aber für die frühen Mönche in der Wüste ist es in erster Linie ein spiritueller Weg. Das Ziel dieses Reinigungsweges ist die *apatheia*, wie die Griechen den inneren Zustand tiefen Friedens und die innere Freiheit von den Leidenschaften nennen. *Apatheia* ist für Evagrius ein Zeichen für die Gesundheit der Seele. Cassian, der die Schriften des Evagrius ins Lateinische übertragen hat, spricht von *puritas cordis*, von der Reinheit des Herzens. Für ihn ist das reine Herz voller Liebe. Die Reinheit des Herzens bedeutet die Ermöglichung wahrer Liebe, die nicht verdunkelt ist durch egozentrische Motive.

Die griechischen Kirchenväter lieben aus diesem Grund auch die Seligpreisung Jesu, in der er sagt: »Selig, die ein reines Herz haben, denn sie werden Gott schauen« (Matthäus 5,8). Das reine Herz ist die Bedingung, Gott schauen zu können. Wenn das Herz noch getrübt ist durch Leidenschaften oder durch die Verdrängung meiner eigenen Bedürfnisse, dann werde ich all das, was ich bei mir nicht wahrnehmen möchte, auf Gott projizieren, zum Beispiel meine verdrängte Wut auf einen wütenden und strafenden Gott und meine unterdrückten Bedürfnisse. Aber ich bin dann unfähig, Gott zu erkennen, wie er wirklich ist. So ist die Reinigung des Herzens der erste Schritt auf dem Weg der Mystik, die dann über die Erleuchtung zur Einigung, zum Einswerden mit Gott führen möchte.

Sowohl für Cisneros als auch für Ignatius kann man den Weg der Reinigung nur gehen, wenn man sich seiner Sünden bewusst wird und sie bereut. Das ist uns heute fremd. Es klingt für uns zu sehr nach Selbsterniedrigung, nach einer pessimistischen Sicht auf sich selbst. Die Wüstenväter sprechen in Bezug auf die Leidenschaften dagegen nicht von Sünde, sondern von Gefährdungen des Menschseins oder von »Lastern« oder »Dämonen«, die uns beherrschen und uns von unserem Weg zu Gott abhalten wollen. »Sünde« ist heute für uns insgesamt ein schwieriges Wort. Es meint aber eigentlich nichts anderes als den Zustand, wenn ich mich von meinen Leidenschaften beherrschen lasse. Daher verstehen die Wüstenmönche den geistlichen Weg als einen Kampf mit diesen Leidenschaften, als ein Ringen mit ihnen, damit man nicht von ihnen beherrscht wird, sondern sie integrieren kann in seinen geistlichen Weg zu Gott.

Auch in der Psychologie spricht man von der Notwendigkeit der Reinigung, oder wie der italienische Psychiater Roberto Assagioli sagt, von der Läuterung. Er bezieht sich dabei auf die spirituellen Schulen des Ostens wie des Westens: »Sie sagen uns, dass jede Leidenschaft und jede egoistische Begierde für den, der aufsteigen will, wie eine ans Bein gekettete Eisenkugel ist, ein Zustand der Versklavung durch niedrige Mächte und Wesen« (Assagioli, 183). Er ist überzeugt, dass jede egoistische Regung uns letztlich nicht nur von den Menschen trennt, sondern auch von unserem wahren Selbst. Der spirituelle Weg besteht für Assagioli nicht nur in der Reinigung, sondern auch in der Überwindung dieser Trennung. Es geht also um die Läuterung auf verschiedenen Ebenen: die körperliche Reinigung durch Fasten und Verzichten, die emotionale Läuterung durch das Ringen mit den Emotionen und die Läuterung unserer Vorstellungskraft, indem wir auch unsere Träume vor Gott anschauen und Gott hinhalten.

Für die Wüstenmönche steht die Reinigung der Emotionen und Begierden im Vordergrund. Spannend ist, dass sich ähnliche Gedanken auch im Buddhismus und Hinduismus finden. Auf dem Weg der Reinigung geht es zunächst darum, die Leidenschaften und Emotionen kennenzulernen und sich mit ihnen vertraut zu machen. Man soll also keine Angst vor ihnen haben. Nur wenn ich sie gut kenne, lerne ich, mit ihnen so umzugehen, dass sie mich nicht beherrschen. Vielmehr kann ich dann die Kraft, die in den Leidenschaften und Emotionen steckt, für meinen Weg nutzen. Denn wenn ich mich von meinen Leidenschaften abschneide, schneide ich mich auch von einer wichtigen Energiequelle ab.

Für die Wüstenmönche ist es sogar eine Kunst, so mit den Leidenschaften und Emotionen umzugehen, dass ich die positive Kraft, die in ihnen steckt, für mich nutzen kann und zugleich frei werde von negativen Energien, die von ihnen ausgehen, wenn ich mich nicht mit ihnen beschäftige.

Für die Mönche ist die Demut eine wichtige Haltung, sich den eigenen Leidenschaften zu stellen. Demut als *humilitas* (das kommt von *humus* = Erde) ist der Mut, hinabzusteigen in das innere Chaos, mich anzunehmen mit all dem, was in mir auftaucht. Wenn ich mich in der Demut der eigenen Erdhaftigkeit und Menschlichkeit stelle, dann bedeutet das auch, dass ich von meinen eigenen Illusionen Abschied nehme. Denn oft genug finden wir in uns die Illusion, wir seien doch spirituelle Menschen, wir seien doch mit uns im Einklang. Demut ist der Mut zur eigenen Wahrheit.

Die Haltung der Demut rechnet auch damit, dass wir an unserer Wahrheit vorbeileben und hinter unseren Idealvorstellungen zurückbleiben. Die biblischen Geschichten, die ich im Folgenden meditiere, laden uns dazu ein, uns so zu sehen, wie wir wirklich sind, auch mit unserer Sünde und unserer Schuld. Diese Geschichten wollen uns jedoch kein schlechtes Gewissen machen. Sie erzählen einfach von Menschen, die auch immer wieder schuldig werden, ohne die Menschen zu bewerten. Die Erzählungen wollen uns ermutigen, uns der eigenen Wahrheit zu stellen, ohne uns in Schuldgefühlen zu zerfleischen. Sie beschönigen nichts, aber sie sind voller Hoffnung, dass alles Versagen immer auch zu einem neuen Anfang führen und alles Trübe in uns gereinigt werden kann.

Nathans Wort an David

2 SAMUEL 12,1–9

David hatte das Gefühl, als König könne er alles tun, was ihm gefällt und was ihm guttut. Er war auf dem Höhepunkt seiner Macht. Und offensichtlich hat ihn die Macht blind gemacht. Als er eines Abends auf dem Flachdach seines Hauses auf und ab ging, sah er von dort aus eine sehr schöne Frau, Batseba, die gerade badete. Er ließ sie zu sich kommen, schlief mit ihr und sie wurde schwanger. Batseba war mit dem Hethiter Urija verheiratet. Der war gerade im Krieg und kämpfte für David. David ließ ihn holen, damit er mit seiner Frau schläft, um so zu vertuschen, wer der wahre Vater des Kindes in ihrem Leib war. Doch Urija blieb draußen vor dem Haus sitzen und ging nicht zu seiner Frau. Da schickte ihn David wieder in den Krieg. Er gab ihm einen Brief mit für Joab, den Heerführer, in dem stand, er solle Urija an die vorderste Front stellen und sich dann zurückziehen, wenn der Feind angreift. Das bedeutete den sicheren Tod für Urija.

In dieser Situation kommt Nathan, der Prophet und Berater Davids, zu ihm und hält ihm das Gleichnis von dem armen Mann und dem einzigen Lamm, das er besaß, vor Augen. David regt sich über das Verhalten des reichen Mannes auf, der dem Armen das Lamm geraubt hat: »Der Mann, der das getan hat, verdient den Tod« (2 Samuel

12,5). Er merkt gar nicht, dass er selbst mit diesem Gleichnis gemeint ist. Erst als Nathan ihm ins Gesicht sagt: »Du bist der Mann«, sieht er seine Schuld ein und bereut, was er getan hat.

David erfährt hier etwas, das wir alle kennen: Wir denken, wir könnten uns alle unsere Bedürfnisse erfüllen, ohne darüber nachzudenken, ob wir damit jemand anderem schaden. Wir haben kein Gespür mehr für Schuld. Wenn uns jemand sagen würde: »Du hast gesündigt«, würden wir das weit von uns weisen. Wir fühlen uns im Recht, weil wir nur das tun, was alle tun. Und wir haben alle möglichen Rechtfertigungen parat: »Liebe kann doch keine Sünde sein. Die Frau hat es ja auch so gewollt.« Erst wenn uns dann jemand eine solche Geschichte erzählt wie Nathan, erkennen wir auf einmal, dass unser Verhalten andere Menschen tief verletzt und wie wenig wir uns um Gottes Gebote kümmern.

Nathan schildert die Situation des armen Mannes so eindrücklich, dass sie uns unwillkürlich berührt. Er hat nur dieses kleine Lamm, das von seinem Brot isst und aus seinem Becher trinkt. Er hat es liebgewonnen. Es ist nicht einfach nur ein Besitz, sondern ein Geschöpf, das ihm vertraut geworden ist, dem seine ganze Liebe gilt. Indem wir uns in diese Geschichte hineinfühlen, erkennen wir, was unser Tun bei anderen auslösen kann. Wir brauchen jemanden, der uns die Augen öffnet für unser Verhalten und die Konsequenzen daraus. Wir alle haben die Tendenz, unsere Augen vor der eigenen Schuld zu verschließen. Es geht nicht darum, dass wir uns ständig selbst als Sünder beschuldigen. Aber manchmal tut es uns gut, in den Spiegel einer biblischen Geschichte zu schauen, um zu erkennen, dass wir Schuld auf uns geladen haben. Wenn wir die Geschichte hören, erkennen wir: So haben wir auch schon gehandelt. Unser eigener Besitz, unser eigenes Wohlbefinden war uns wichtiger als das Mitgefühl für einen anderen Menschen. Wir haben durch unser Verhalten jemandem das geraubt, was ihm das Liebste ist. Wir haben ihm das zerstört, was ihm vertraut war, worin er sich geborgen fühlte.

Als David in den Spiegel dieser Geschichte schaut, hört er auf, sich zu rechtfertigen. Jetzt bekennt er: »Ich habe gegen den Herrn gesündigt« (2 Samuel 12,13). Er sieht ein: Ich habe nicht nur einem Mann seine Frau weggenommen und ihn getötet. Ich habe auch Gott nicht ernst genommen. Ich war blind gegenüber Gottes Geboten, die ja nicht willkürlich aufgestellt sind, sondern mich eigentlich zum Leben führen wollen. Aber ich habe die Gebote Gottes für mich zurechtgebogen.

Diese Reue verwandelt David. Sie öffnet ihm die Augen dafür, dass er dem Mann das Liebste genommen hat, das er in seinem Leben hatte: seine geliebte Frau. Und auch der Frau Batseba hat er den geraubt und töten lassen, der für sie ihr Ein und Alles war. Die Reue lässt uns den Schmerz spüren, den wir anderen zugefügt haben, und ihn in uns selbst fühlen.

Die biblische Erzählung bleibt jedoch nicht bei der Reue stehen. Die Frohe Botschaft dieses Textes ist: Trotz seiner Schuld, die ihm Gott aufgrund seiner Reue vergibt, darf David weiter König bleiben. Gott segnet sogar sein Königtum. Aber David hat eine innere Verwandlung erlebt: Jetzt stellt er sich nicht mehr über andere. Er weiß nun um die eigene Schuld. Er wird zu einem menschlichen König, der mit seinen Untergebenen fühlen kann und nicht mehr willkürlich seine Macht ihnen gegenüber ausnutzt.

Auf dem Hintergrund dieser Geschichte können Sie sich fragen: Wo habe ich mir die Grundsätze für mein Leben selbst zurechtgebogen? Wo war ich und wo bin ich heute noch blind für das, was Gott eigentlich von mir fordert? Wo habe ich Menschen tief verletzt? Wenn Ihnen nichts Konkretes einfällt, sprechen Sie einmal das Wort des Nathan laut aus: »Du selbst bist der Mann.« Was fällt Ihnen dann ein, was nicht in Ordnung war in Ihrem Leben? Wo haben Sie einem anderen geschadet, wo ging es Ihnen nur um den eigenen Vorteil? Dann sprechen Sie mit David: »Ich habe gegen den Herrn gesündigt.« Sie erfahren so die Vergebung durch Gott, die Sie sich selbst nicht zusprechen können. Vielleicht spüren Sie, wie dieses Bekenntnis Sie auf einmal befreit. Sie müssen nicht Ihr Leben lang in Sack und Asche herumlaufen. Wenn Sie es sich eingestehen, dass Sie Fehler gemacht und anderen geschadet haben, wandelt sich Ihr schlechtes Gewissen, das Sie verdrängt hatten. Sie spüren einen tiefen inneren Frieden. Denn mit dem Eingeständnis Ihrer Schuld erfahren Sie zugleich, dass Sie nicht aus der liebenden Hand Gottes fallen, sondern in sie hinein.

Stellen Sie sich aufrecht vor Gott hin und halten Sie Ihre Hände in Form einer Schale. Stellen Sie sich vor: Was haben diese Hände schon alles geschaffen und gestaltet? Aber auch: Wann und womit haben diese Hände andere verletzt? Wann habe ich andere mit einer wegwerfenden Handbewegung entwertet? Wann habe ich zu fest zugepackt, jemanden festgehalten? Wann habe ich anderen körperliche oder seelische Schmerzen zugefügt? Halten Sie all das, was Ihnen dazu einfällt, in der Schale Ihrer Hände und so in Gottes Barmherzigkeit. Verzichten Sie darauf, sich zu rechtfertigen oder sich zu beschuldigen. Ihr Leben ist so, wie es ist. Sie bewerten es nicht selbst. Sie halten es in Gottes Liebe hinein, im Vertrauen, dass seine barmherzigen Arme alles in Ihnen umarmen. Bleiben Sie in dieser Haltung still vor Gott stehen und bitten Sie darum, dass Gott auch all das Unvollkommene in Ihnen und an Ihnen und all das, was Sie anderen angetan haben, in Segen verwandeln möge – für Sie selbst und für andere.

Jesus und die Sünderin

LUKAS 7,36–50

Die biblische Geschichte erzählt hier, dass Jesus bei einem Pharisäer eingeladen war. Auch wenn die Anhänger dieser religiösen Strömung im Neuen Testament als die eigentlichen Feinde Jesu dargestellt werden, hatte er wohl durchaus auch freundschaftliche Beziehungen zu einigen von ihnen. Nur die Engstirnigen unter ihnen kritisierte er immer wieder. Als alle zu Tisch sitzen, kommt eine Frau ins Haus, die hier im Text als Sünderin bezeichnet wird. Wir denken sofort an eine Prostituierte. Doch das steht da nicht. Als Sünderin wurde damals auch eine Frau bezeichnet, die mit einem Mann verheiratet war, der als Sünder galt. Dazu rechnete man beispielsweise alle Zöllner, Schafhirten und Metzger. Die Frage ist also, ob sie wirklich selbst eine Sünderin war oder nur als solche galt.

Sie geht auf Jesus zu und beginnt zu weinen: »Ihre Tränen fielen auf seine Füße. Sie trocknete seine Füße mit ihrem Haar, küsste sie und salbte sie mit Öl« (Lukas 7,38). Vielleicht hatte diese Szene eine Vorgeschichte. Es mag sein, dass diese Frau Jesus schon einmal begegnet war und erfahren hatte, dass er sie nicht verurteilte, sondern aufrichtete. So weint sie aus Dankbarkeit, dass jemand sie nicht verurteilt, aber vielleicht auch, weil sie von der Gesellschaft als Sünderin abgestempelt wird.

Und sie weint aus Liebe. Diese Liebe drückt sie dadurch aus, dass sie ihre Haare löst und die Füße Jesu trocknet. Das Auflösen der Haare war für jüdisches Empfinden der damaligen Zeit ein erotischer Akt. Dann salbt sie Jesus auch noch die Füße. Das ist ein sehr intimes Tun. Die Pharisäer waren vom Verhalten der Frau irritiert. Doch Jesus lässt es geschehen.

Der Gastgeber zeigt Jesus seine Irritation, worauf dieser ihm das Gleichnis vom Geldverleiher erzählt. Darin geht es darum, dass ein Schuldner, dem mehr erlassen wurde als einem anderen, den Geldverleiher mehr liebt als jener, dem eine kleinere Summe erlassen wurde. Dann überträgt Jesus das Gleichnis auf die Frau, die ihm nicht nur die Füße gewaschen, sondern sie auch geküsst und gesalbt hat: »Ihr sind ihre vielen Sünden vergeben, weil sie so viel Liebe gezeigt hat« (Lukas 7,47).

Weiter sagt er zu ihr: »Deine Sünden sind dir vergeben.« Für unser Verständnis ist da ein logischer Bruch in der Geschichte: Jesus sagt zunächst, ihr seien schon viele Sünden vergeben. Das zeige ihr liebevolles Verhalten, das eine Antwort auf die Vergebung ist. Und dann spricht er ihr noch einmal die Vergebung zu.

Der Evangelist Lukas liebt offene Formulierungen, die sich nicht festlegen. Er ist überzeugt: Vergebung und Liebe gehören zusammen. Und was zuerst war und was die Folge ist, kann man nicht auseinanderhalten. Man könnte es daher so verstehen, dass Jesus in der Frau mit seinen Worten die Erfahrung der Vergebung verstärken will. Ganz gleich, ob er ihr in diesem Augenblick die Sünden vergibt oder nur ihre Erfahrung der Vergebung bestärken möchte: Die Pharisäer verstehen Jesus so, dass er jetzt in diesem Augenblick der Frau die Sünde vergibt. Das können sie nicht akzeptieren, denn nach ihrer Auffassung kann nur Gott Sünden vergeben.

Die Frau hat offensichtlich an die Vergebung der Sünden geglaubt. »Dein Glaube hat dir geholfen. Geh in Frieden!« (Lukas 7,50), sagt Jesus zu ihr. Im Griechischen steht hier das Wort *sozein*, das »heilen«, »retten« und »erlösen« meint. Der Glaube macht sie gesund. Er befreit sie von ihren Selbstvorwürfen und schenkt ihr Vertrauen in die Erfahrung der Vergebung. Jesus macht der Frau keine Vorwürfe. Er entlässt sie mit einer doppelten Zusage: dem Lob über ihren Glauben und dem Friedensgruß. Er wünscht ihr, sie möge jetzt ganz im Frieden sein mit sich selbst und mit ihrem Leben.

Wenn wir auf dem Weg der Reinigung diese Geschichte meditieren, dann können wir die Tränen der Frau auf dreifache Weise verstehen: als Tränen der Reue, dann aber auch als Tränen der Dankbarkeit, dass wir in unserem Leben immer wieder Vergebung erfahren, und als Tränen der Liebe. Die Vergebung, die wir erfahren haben und immer wieder erfahren, bewirkt in uns eine große Liebe. Wir können keine Tränen vergießen, wenn wir nicht wirklich eines dieser Gefühle in uns spüren. Aber wenn wir uns in die Szene zwischen Jesus und der Sünderin mit allen Sinnen hineinversetzen, können uns die Tränen kommen.

Für die frühen Mönche waren Tränen und das Weinen ein wichtiges spirituelles Motiv. Sie sind einmal Ausdruck dafür, dass wir Gott und Gottes Liebe erfahren haben. Zum anderen sind sie oft ein Ausdruck der Trauer, dass wir mit unserem Verhalten weit hinter dem zurückbleiben, was wir eigentlich möchten. Tränen haben die Kraft, all das Unreine in mir zu reinigen. Sie waschen den Schmutz von meiner Seele ab. Es können aber auch Freudentränen über Gottes Barmherzigkeit sein: Gott, der mich nie verurteilt, auch wenn ich immer wieder sündige. Tränen reinigen mich jedoch nicht nur von meiner Schuld, sondern auch von all den Überlegungen, die ich häufig zwischen Gott und mich stelle. In ihnen begegne ich dem wirklichen Gott. Für Evagrius Ponticus sind die Tränen sogar ein Zeichen dafür, dass ich wirklich Gott begegnet bin.

Die Frau bricht in der biblischen Geschichte in Tränen aus, weil sie die Nähe dessen spürt, der sie nicht verurteilt. Horchen Sie in sich hinein und fragen Sie sich: Warum und in Bezug auf was verurteile ich mich selbst? Wo kann ich mir selbst nicht vergeben? Dann stellen Sie sich vor: Gott nimmt mich bedingungslos an. Ich verurteile mich, weil ich immer wieder den gleichen Fehler mache. Doch Gott vergibt mir. Lassen Sie dieses Gefühl tief in sich sinken. Vielleicht löst es dann auch in Ihnen Weinen aus: Tränen der Dankbarkeit, der Reue und der Liebe. Stellen Sie sich mit allen Sinnen die Szene zwischen Jesus und der Frau vor und hören Sie, wie Jesus die Worte zu Ihnen spricht: »Dein Glaube heilt dich, befreit dich. Geh in Frieden.«

Legen Sie sich flach auf den Boden, mit der Stirn zur Erde. Man nennt diese Haltung *Prostratio*, gemeint ist damit eine Geste der Anbetung. Stellen Sie sich vor, dass Sie ganz eins werden mit der Erde, die Sie annimmt und nicht verurteilt. Bewerten Sie Ihr Tun nicht, sondern lassen Sie alles, was Sie belastet, in die Erde hineinfließen. Spüren Sie, dass Sie ganz und gar angenommen sind. Sie können sich auch vorstellen, dass Sie nicht nur auf der Erde liegen, sondern in der liebenden Hand Gottes. Lassen Sie alles, was Sie belastet, in die liebende Hände Gottes strömen. Das reinigt Sie von allen Selbstvorwürfen und Selbstzerfleischungen. Sie beschuldigen sich nicht und Sie entschuldigen sich nicht. Sie lassen einfach alles, was Sie belastet, in die Liebe Gottes hineinfließen, damit Sie frei werden von dieser inneren Last.

Die Vertreibung der Händler aus dem Tempel

JOHANNES 2,13–22

Der Weg der Reinigung, den wir im ersten Teil unserer Exerzitien gehen, wird durch die biblische Geschichte von der Vertreibung der Händler aus dem Tempel anschaulich dargestellt. Der Evangelist Johannes versteht diese Geschichte nicht nur historisch, sondern zugleich als ein Bild für uns. Das zeigt sich in seiner Schlussbemerkung: »Er aber meinte den Tempel seines Leibes« (Johannes 2,21).

Das gilt auch für uns: Unser Leib ist ein Tempel Gottes. Aber dieser Tempel ist zu einer Markthalle verkommen. In uns sind Händler, die lärmend ihre Waren verkaufen. Die Händler stehen hier für die lärmenden Gedanken, die uns beherrschen. In unserem Kopf ist es nie still. Da schreien die verschiedensten Gedanken durcheinander. Jeder dieser »Händler« möchte möglichst viel Geld verdienen. Das ist ein Bild für unsere Gier und Habsucht, die uns oft beherrschen. In uns sind Geldwechsler, die die Währung der Tempelbesucher gegen eine andere eintauschen. Sie stehen für die Gedanken, in denen wir uns ständig mit anderen vergleichen: Was ist mein »Marktwert«? Wie hoch werde ich gehandelt? Was halten die anderen von mir? Wir sind in Gedanken nicht bei uns selbst, sondern ständig bei anderen und vergleichen uns mit ihnen.

In der Geschichte ist auch von Rindern die Rede. Sie stehen für unsere Triebe: den Esstrieb, den Sexualtrieb und das Besitzstreben. Für die frühen Mönche in der Wüste gehören diese Triebe zum begehrlichen Bereich des Menschen. Wir können sie nicht einfach loswerden oder uns austreiben. Sie haben aber auch eine positive Kraft, weil sie uns zum Leben und auf Gott hin antreiben möchten.

Spirituell betrachtet und gedeutet kommen die Triebe zur Ruhe, wenn das Essen in der heiligen Mahlzeit (zum Beispiel der Eucharistie) mündet, der Sexualtrieb in der mystischen Ekstase erfüllt wird und das Besitzstreben nach innen geht und dort den Schatz in unserer Seele entdeckt. Nur dann kommen wir innerlich zur Ruhe.

Die »Rinder« gehören also zu uns, zu unserem Leib. Aber sie gehören nicht in das Allerheiligste des Tempels, nicht in den heiligen Raum auf dem Grund unserer Seele.

Die Schafe, die in der Geschichte erwähnt werden, können wir als Bild für unsere Emotionen sehen. Die frühen Mönche beschreiben vor allem drei Emotionen: die Aggression, die Traurigkeit und die Lustlosigkeit. Das meint zum Beispiel: Ich habe weder Lust zum Arbeiten noch zum Beten, nicht einmal zum Nichtstun. Ich bin innerlich zerrissen und leer. So fühlen sich heute viele Menschen.

Die Emotionen gehören ebenfalls zu uns. Wichtig ist, dass wir gut mit ihnen umgehen. Es geht also darum, den Sinn der Emotionen zu erkennen und ihre positive Kraft für uns zu nutzen. Aber wir dürfen uns nicht von ihnen beherrschen lassen. Und vor allem dürfen sie, ähnlich wie die Schafe, nicht in das innere Heiligtum auf dem Grund unserer Seele eindringen.

Die Tauben in der Geschichte stehen für unsere Gedanken. Die Mönche sprechen von den drei Gefährdungen im geistigen Bereich: der Ruhmsucht, dem Neid und der Hybris. Sie drücken sich in unruhigen Gedanken aus, die in uns herumflattern wie Tauben: Wir sind nicht bei uns, sondern vergleichen uns ständig mit anderen, möchten von ihnen bewundert werden; wir halten uns für die Größten und verdrängen die Zweifel an uns. Die Tauben stehen für die Selbstgespräche, die wir in unserem Kopf mit uns führen und in denen wir die Menschen kommentieren, denen wir begegnen. Daher kommen wir nicht zur Ruhe.

Jesus vertreibt die Händler, die Geldwechsler, die Rinder, Schafe und Tauben aus dem Tempel, also aus dem inneren Heiligtum unserer Seele. Solange die Händler und Tiere in uns sind, erleben wir uns als Markthalle: Wir versuchen den inneren Lärm zu unterdrücken und die Unruhe zu kontrollieren, indem wir die Rinder und Schafe anbinden. Aber dann verkrampft sich alles in uns. Oft spüren wir in der Gegenwart eines Menschen, der eine solche »Markthalle« in sich hat, dass er innerlich unruhig ist, verspannt, verkrampft. Jesus reinigt den Tempel in uns, das heißt, er verbannt all diese Unruhe und Unsicherheit aus uns. Das führt zu einer neuen Selbsterfahrung: Wir fühlen uns frei und erleben eine innere Weite. Der Tempel ist groß, weit und schön. Wenn wir um das innere Heiligtum in uns wissen, dann erleben wir uns als schön und wertvoll. Wir tragen etwas Kostbares, Heiliges in uns.

Der Evangelist Johannes bezieht diese Geschichte aber auch noch auf den Tod und die Auferstehung Jesu. Das drückt er mit dem einleitenden Satz aus: »Das Paschafest der Juden war nahe« (Johannes 2,13). »Pascha« heißt so viel wie *transitus*, »Übergang« oder »Hinübergehen«. Die Juden feierten am Paschafest ihren Übergang aus Ägypten, dem Land ihrer Unfreiheit, dem Land der Sklaverei, in das Gelobte Land, in dem sie frei waren und ganz sie selbst sein durften. Wir Christen verstehen den Tod und die Auferstehung Jesu als die Erfüllung dessen, was die Juden mit Pascha verbinden: Jesus geht am Paschafest aus dieser Welt in die Welt Gottes hinüber. Für uns bedeutet das, dass wir mit Jesus hinübergehen in einen neuen Zustand: von der »Markthalle« hinüber zur Erfahrung des Tempels in uns, von der Enge in die Weite, vom Chaos in die Schönheit.

Der Evangelist Johannes versteht den Tod Jesu als Reinigung des Menschen: Mit seiner Liebe bis in den Tod reinigt uns Jesus von allem, was unser wahres Wesen verstellt. Dieses Verständnis des Johannes wird darin deutlich, dass er zu Beginn des 13. Kapitels noch einmal diesen Vers wiederholt: »Es war vor dem Paschafest« (Johannes 13,1). Dann schildert er, wie Jesus seinen Jüngern die Füße wäscht vor dem gemeinsamen letzten Mahl. In seinem Tod beugt sich Jesus bis in den Staub der Erde und reinigt die Menschen dort, wo sie sich durch die Berührung mit der Welt immer wieder die Füße schmutzig machen.

Er heilt die Menschen sozusagen an ihrer verwundbarsten Stelle: ihrer Achillesferse. Diese steht sprichwörtlich für die Eigenschaften, die uns verletzlich machen: Für den einen ist es die Empfindlichkeit, für den anderen der Jähzorn, für wieder andere der Neid oder die Eifersucht. Jeder hat einen wunden Punkt, durch den negative Gefühle in ihn eindringen und ihn verletzen können. Eine solche Emotion kann uns völlig beherrschen. Daher braucht es die Reinigung, die Relativierung. Die Fußwaschung ist für Johannes ein Bild für den Tod Jesu am Kreuz. Am Kreuz erfährt Jesus all die negativen Emotionen der Menschen, den Hass, den Neid, die Eifersucht. Doch für Johannes ist das Kreuz die Vollendung der Liebe. Indem Jesus nicht mit Hass reagiert, sondern mit Liebe, beugt er sich am Kreuz gleichsam bis zum Staub herab, der unsere Füße beschmutzt, um unsere Füße liebevoll zu reinigen.

Stellen Sie sich Ihren Leib als Tempel vor. Welche fremden Kräfte sind in ihn eingedrungen, die die Ruhe und die Schönheit dieses Tempels trüben? Was sind die Händler und Geldwechsler in Ihnen? Was die Rinder, Schafe und Tauben? Beten Sie nach diesen Überlegungen das Jesusgebet. Beim Einatmen sagen Sie: »Herr Jesus Christus« und stellen sich vor, dass die Liebe Jesu mit diesen Worten in Ihr Herz einströmt und es wärmt. Beim Ausatmen sagen Sie: »Sohn Gottes, erbarme dich meiner.« Stellen Sie sich vor, wie die Worte und die Liebe Jesu beim Ausatmen alle Händler, Geldwechsler, Rinder, Schafe und Tauben heraustreiben, wie Jesus alle negativen Emotionen, die Sie beherrschen möchten, mit seiner Liebe durchdringt und verwandelt, sodass sie zu positiven Gefühlen werden. Dann sagen Sie sich: Ich bin der Tempel Gottes. Wie fühlen Sie sich dann? Nehmen Sie dankbar wahr, dass Sie der Tempel Gottes sind. Und genießen Sie als solcher Ihre eigene Weite, Freiheit und Schönheit.

RITUAL

Gönnen Sie sich das Ritual der Fußwaschung. Sie können sich selbst langsam und achtsam die Füße waschen oder sich von einem anderen die Füße waschen lassen und das im Anschluss auch bei ihm tun. Stellen Sie sich dabei vor: Ich wasche alles von meinen Füßen ab, was mich beschmutzt, was mein Denken und Fühlen trübt. Ich wasche die negativen Emotionen ab, die sich oft genug an mich hängen. Ich reinige mich von allen Trübungen. Dann stellen Sie sich mit gewaschenen Füßen aufrecht vor Gott und sprechen sich das Wort Jesu zu: »Wer vom Bad kommt, ist ganz rein und braucht sich nur noch die Füße zu waschen« (Johannes 13,10). Jesu liebende Worte reinigen Sie von allem, was Ihr ursprüngliches Bild Gottes in Ihnen verdunkelt.

Wenn Sie gemeinsam Exerzitien im Alltag machen, können Sie an dem Abend, an dem Sie den Text von der Tempelaustreibung und von der Fußwaschung lesen, folgende Übung machen: Alle stehen im Kreis. Der Leiter oder die Leiterin nimmt eine Schale Wasser und stellt sich vor jeden Einzelnen hin. Der andere sagt dann nicht nur seinen Namen, also etwa: »Ich heiße Barbara«, »Ich heiße Peter«. Vielmehr: »Ich bin Barbara«, »Ich bin Peter«. Dann taucht der Leiter oder die Leiterin die Hand in die Schale mit Wasser und macht das Kreuzzeichen auf die Stirn des im Kreis Stehenden. Dabei sagt er oder sie: »Gott reinige dich von deinen Trübungen und zeige dir deine wahre Gestalt.«

Ein solches Ritual wirkt tiefer als das Nachdenken über die Geschichte. Nach Ansicht des Tiefenpsychologen Carl Gustav Jung dringt ein Ritual bis ins Unbewusste hinein. Dieses Ritual kann dort unsere inneren Bedenken und Zweifel an der Reinigung auflösen.

Das Unkraut im Weizen

MATTHÄUS 13,24–30

Das Gleichnis vom Unkraut im Weizen holt uns sozusagen auf den Boden der Tatsachen zurück, was unsere Sicht auf Reinigung angeht. Wir möchten uns als Menschen gerne auf perfekte Weise von allen negativen Emotionen, Leidenschaften und Kräften reinigen, sodass kein einziger dunkler Fleck auf unserer Seele und unserer Weste zurückbleibt. Doch dieses Gleichnis zeigt uns, dass die Realität anders aussieht. Der Gutsherr hat guten Weizen gesät. Aber dann kommt der Feind und sät Unkraut auf den Acker. Die Diener des Gutsherrn möchten das Unkraut mit seinen Wurzeln ausreißen. Doch der sagt zu ihnen: »Nein, sonst reißt ihr zusammen mit dem Unkraut auch den Weizen aus« (Matthäus 13,29).

Das Unkraut, von dem er hier spricht, ist der sogenannte Lolch. Er verbindet seine Wurzeln mit denen des Weizens. Wenn man das Unkraut ausreißt, reißt man daher eben auch den Weizen mit aus. Übertragen auf unser Leben heißt das: Wir möchten am liebsten unsere Fehler und Schwächen aus uns herausreißen. Wir möchten sozusagen chemisch rein sein, perfekt, ohne jeden Makel. Doch Jesus macht mit diesem Gleichnis deutlich: Das geht nicht. Weil man nicht das eine tilgen kann, ohne das andere auch zu beschädigen. Beschrieben ist hier die typische Tendenz von Perfektionisten, alles Negative aus sich herausreißen zu wollen. Doch dann wächst auch alles Gute in uns nicht mehr. Dann bleibt das Leben ohne Frucht. Das Gleichnis beschreibt eine falsch verstandene Weise des Reinigens. Man möchte – um im Bild zu bleiben – sich chemisch reinigen und sterilisieren. Doch dann wird der Mensch eben steril.

Die frühen Mönche haben dieses Gleichnis immer wieder herangezogen, weil es ihrer eigenen Erfahrung entsprach. Dazu gibt es sogar einige der kurzen Weisheitsgeschichten, durch die sie heute noch bekannt sind. Es wird erzählt: Ein junger Mönch kommt zu Abbas Poimen und sagt: »Alles, was ich an Gutem tue, entwerten die Dämonen. Wenn ich jemandem helfe, dann sagt mir meine innere Stimme: ›Das tust du nur, um vor anderen gut dazustehen, um dich beliebt zu machen.‹ Wenn ich bete, sagt mir meine innere Stimme: ›Du betest ja nur, um vor den anderen als frommer Mönch zu erscheinen.‹ Alles Gute ist immer vermischt mit egoistischen Motiven. Also hat es gar keinen Sinn, Gutes zu tun.«

Statt einer Antwort erzählt ihm Poimen eine Geschichte: In einer Stadt gab es zwei Bauern. Beide wollten Getreide aussäen. Als sie damit begannen, merkten sie, dass das Getreide nicht gereinigt war. Der eine Bauer sagte: »Das säe ich nicht aus.« Der andere tat es trotzdem. Nach einem Jahr gab es in der Stadt eine Hungersnot. Poimen fragt nun den jungen Mönch: »Wer von beiden hatte wohl zu essen?« Dieser antwortete: »Der, der ungereinigtes Getreide gesät hat.« Da sagte Poimen: »Also lasst uns ungereinigtes Getreide säen, damit wir und andere etwas zu essen haben.« Wir dürfen nicht warten, bis unsere Motive beim Helfen, beim Beten, beim Spenden, beim Einsatz für andere ganz rein sind. Sie werden immer vermischt sein mit egoistischen Motiven. Es braucht Demut, das anzuerkennen.

Natürlich sollen wir das Unkraut auch nicht wuchern lassen, sondern es zurückschneiden, damit es den Weizen nicht erstickt. Aber wer alle seiner Fehler ausradieren möchte, dessen Spiritualität wird auch keine Kraft haben. Perfektionisten verbrauchen viel Energie, um ihr Idealbild des reinen und für Christus ganz und gar durchlässigen Menschen zu erreichen. Aber für Christus werde ich nicht durchlässig, wenn ich alles »Unkraut«, alles Schwierige und Zweifelhafte samt dem »Weizen«, den guten Absichten und dem selbstlosen Handeln, aus mir herausreiße. Vielmehr soll ich Christus beides hinhalten. Dann wird sein Geist das Unkraut zurückschneiden und dem Weizen Nahrung geben, sodass er reifen kann.

Eine extreme Form des Perfektionismus in spiritueller Sicht sind die sogenannten Skrupulanten. Sie beobachten sich ganz genau und sehen in jedem ihrer Gedanken, in jedem kleinen Tun eine Verfehlung und eine große Sünde, die außer ihnen selbst niemand darin erkennen kann. Sie klagen sich permanent an – weil sie Aggressionen spüren, wo sie glauben, Liebe empfinden zu müssen, weil sie Lust empfinden, wo sie glauben reine Gedanken haben zu müssen. Viele gehen beinahe zwanghaft zur Beichte, um diese vielen kleinen »Vergehen« sofort zu bekennen und Vergebung zu erlangen. Sie merken häufig nicht, dass sie genau das, was sie sich verbieten und an sich anklagen, doch ausleben, indem sie dem Priester immer wieder davon erzählen.

Jesus lädt uns dagegen auf einen Weg der Reinigung ein, bei dem das »Unkraut« bis zur Ernte zusammen mit dem Weizen wachsen kann. Bei der Ernte – in unserem Tod – werden die Engel Gottes in uns beides voneinander trennen. Sie werden das Unkraut verbrennen und den Weizen in die Scheunen bringen. Dann wird es nur noch reinen Weizen in uns geben. Doch solange wir leben, werden wir auch mit dem Unkraut leben müssen. Wir dürfen aber darauf vertrauen, dass Gott in unserem Tod alles Unreine von uns wegwischt, damit das reine und ursprüngliche und unverfälschte Bild Gottes in uns aufstrahlt.

MEDITATION

Schauen Sie in Ihr Inneres: Was erleben Sie als »Unkraut« in Ihnen selbst? Wie gehen Sie damit um? Können Sie sich mit diesen Dingen anfreunden, ohne ihnen Macht zu geben? Was heißt es für Sie, das Unkraut zurückzuschneiden? Viele spirituelle Autoren sagen uns, dass die Liebe das Unkraut zurückschneidet und ihm seine Macht nimmt. Je stärker die Liebe, desto schwächer das Unkraut. Aber ganz wegschneiden, total reinigen kann uns auch die Liebe nicht. Das wird erst die Liebe Gottes tun, die im Tod in uns einströmt und alles Unreine reinigt. Meditieren Sie in Liebe über Ihren inneren »Acker«, auf dem Unkraut und Weizen wachsen. Zeigen Sie diesen Acker Gott, in der Hoffnung, dass er alles Unkraut am Ende verbrennen wird. Dann werden Sie ganz rein in Gott sein, für immer und ewig.

Legen Sie eine Liste an, in die Sie Ihre Stärken und Schwächen eintragen. Dann vergleichen Sie die Stärken mit den Schwächen. Stehen diese Eigenschaften für sich allein oder hängen sie miteinander zusammen? Schauen Sie sich jede einzelne Schwäche an und fragen Sie sich: Wo liegt in meiner Schwäche auch eine Stärke? Dann schauen Sie sich die einzelnen Stärken an und fragen Sie sich: Kann die Stärke nicht auch zur Schwäche werden? Hat meine starke Seite auch eine schwache Gegenseite? Wenn ich nur diese Stärke hätte, wäre das gut für mich? Oder würde sie für mich zu einer Gefahr werden? Söhnen Sie sich mit Ihren Stärken und Schwächen aus und umarmen Sie beide. Sie gehören zu Ihnen, solange Sie leben.

Der Weg der Erleuchtung

Schaut man sich noch einmal die Exerzitien von Cisneros an, der uns hier als Vorlage dient, so ist er der Überzeugung, dass den Übenden auf dem Weg der Reinigung, der nun hinter uns liegt, der Glaube begleitet. Auf dem Weg der Erleuchtung, dem wir uns nun zuwenden, ist es die Hoffnung, die mitgeht. Cisneros nutzt hier das Bild vom Feuer: Zu Beginn, auf dem Weg der Reinigung, nimmt man nur den Rauch wahr. Auf dem Weg der Erleuchtung sind schon Flammen und Rauch erkennbar. Auf dem Einungsweg ist nur noch das reine Feuer zu sehen. Zudem macht er dies deutlich am Bild des Spiegels: Auf dem Weg der Reinigung säubern wir sozusagen den Spiegel. Auf dem Weg der Erleuchtung können wir in dem gereinigten Spiegel jetzt die Liebe Gottes erkennen. Vorher war sie durch den Schmutz auf dem Spiegel und den Rost am Rahmen nicht sichtbar. Es geht auf dem Weg der Erleuchtung darum, in uns die Liebe zu entzünden. Das gelingt uns, wenn wir Gottes Wohltaten an uns betrachten, wenn wir die Schönheit der Schöpfung meditieren, damit wir fähig werden, Gott zu lieben. Eine Möglichkeit, den Weg der Erleuchtung zu betreten, ist die Meditation Jesu

Christi. Denn vom Glanz dieser wahren Sonne wird auch unsere Seele erleuchtet.

Wenn wir diese Bilder auf psychologischer Ebene betrachten, dann geht es auf dem Weg der Erleuchtung darum, sich selbst klar zu erkennen. Erleuchtung ist ein Gewahrwerden des wahren Selbst. Die Erleuchtung ist also nicht nur ein zentraler Aspekt der Gottesbegegnung, sondern auch der Selbstbegegnung. In der Erleuchtung geht es nicht mehr nur darum, die Fehler und Schwächen zu sehen und mit ihnen umzugehen, sondern sein wahres Selbst zu erkennen, das innere Licht zu schauen. Für Evagrius Ponticus geht es auf dem Weg der Erleuchtung darum, »sein eigenes Licht zu sehen« (Praktikos, Nr. 64). Der Trappist und Übersetzer der Wüstenväterschriften John Eudes Bamberger interpretiert diese Aussage des Evagrius so, dass das Wort vom »Licht des Herzens« immer auf die Erfahrung des wahren Selbst hinweist. In der byzantinischen Spiritualität spielt das innere Licht eine große Rolle. Psychologisch gesehen können wir sagen, es geht auf dem Erleuchtungsweg darum, sein spirituelles Selbst, das klare und unverfälschte und ungetrübte Bild Gottes im Grund seiner Seele zu erkennen.

Der Gedanke der Erleuchtung geht auf den griechischen Philosophen Platon zurück. Er geht davon aus, dass die Ideen Gottes voller Licht sind. Im Prolog des Johannesevangeliums wird das ähnlich gedeutet: Hier ist vom Wort (*logos*) die Rede, das das Licht der Menschen ist. Es erhellt ihre innere Wirklichkeit. Im Licht hat der Mensch teil an der tieferen Erkenntnis der Wirklichkeit. Platon spricht davon, dass dem Menschen plötzlich ein Licht aufgeht. Dann erkennt er das Wesen der Dinge und sein eigenes Wesen. Er erkennt, dass auf dem Grund seiner Seele Licht ist, Klarheit.

Das Thema der Erleuchtung ist in erster Linie ein mystisches Thema. Aber die heutige Psychologie kreist ebenfalls darum. Besonders intensiv hat sich der italienische Psychiater Roberto Assagioli damit beschäftigt. Er schreibt: »Sehr häufig tritt auch das Gefühl der Erleuchtung im Sinne einer Lichtempfindung nichtirdischen Ursprungs ein, durch welche die ganze Welt in einem neuen Licht erstrahlt und sich in neuer Schönheit darbietet« (Assagioli, 29). Dieses Licht, so Assagioli, lässt auch unsere Innenwelt erstrahlen, was dazu führt, dass es alle Probleme und Zweifel zerstreut. Er bezeichnet es als das »intuitive Licht eines höheren Bewusstseins« (Assagioli, 29).

Das Erleben dieses Lichtes wird häufig von einem Gefühl der Freude begleitet und kann in einen Zustand von Glückseligkeit führen. Zudem fühlen sich viele Menschen dann erneuert, regeneriert oder als würde ein neues Sein in ihnen geboren. Für Assagioli hat diese mystische Erfahrung der Erleuchtung eine positive Wirkung auf uns. Wir erkennen unser wahres Selbst, unser spirituelles Selbst, das nicht durch Verletzungen beschädigt ist. Wir erkennen auf einmal, »was es heißt, Mensch zu sein, die Enthüllung der vollständigen Bedeutung der eigenen Existenz« (Assagioli, 79). Wenn wir diese Erleuchtungserfahrung machen dürfen, »entdecken wir unser Zentrum, unser wahres Wesen, den intimsten Teil von uns« (Assagioli, 98f).

Wir erkennen unser wahres Selbst, das aus einer gewissen Distanz heraus beobachtet, dass wir uns oft von den Erwartungen anderer leiten lassen, dass wir Rollen spielen, die uns andere aufdrängen. So hilft uns die Erleuchtung, »die menschliche Tragikomödie« (Assagioli, 104), die wir oft spielen, zu durchschauen und das Leben so zu leben, wie es unserem wahren, unserem spirituellen Selbst entspricht.

Wenn wir im Folgenden auf dem Erleuchtungsweg biblische Verklärungs- und Erleuchtungstexte meditieren, geht es daher immer um die beiden Dimensionen: die Erfahrung Gottes als des wahren Lichtes und eine neue Selbsterfahrung, die uns hilft, durch alle Schattenseiten hindurch das ursprüngliche und unverfälschte Bild Gottes in uns zu entdecken. Evagrius Ponticus beschreibt diese beiden Erfahrungen in einem wunderbaren Text:

»Wenn ein Mensch den alten Menschen abgelegt und den neuen Menschen angezogen hat, der eine Schöpfung der Liebe ist, dann wird er zur Stunde des Gebetes erkennen, wie sein Zustand einem Saphir gleicht, der klar und hell wie der Himmel leuchtet. Mit dem Ausdruck ›Ort Gottes‹ meint die Schrift genau diese Erfahrung. Unsere Vorfahren, die Ältesten, haben ihn am Berg Sinai gesehen« (Capita practica ad Anatolium, Sp. 1240 A).

Das Ziel des geistlichen Weges ist, das innere Licht zu schauen. Und zugleich ist das auch ein wichtiger Schritt auf dem Weg der Selbstwerdung. Durch alle Projektionen und Trübungen des eigenen Selbstbildes, durch alle neurotischen Lebensmuster hindurch geht es darum, das wahre, unverletzte, unverfälschte, ungetrübte Selbst zu entdecken, das wie ein Saphir in uns leuchtet. Die biblischen Texte ermutigen uns zu dieser optimistischen Sicht auf unser wahres Selbst, auf das innere Licht in uns.

Die Verklärung Jesu

LUKAS 9,28–36

Bei der sogenannten Verklärung Jesu wird seine eigentliche Gestalt sichtbar: Sein Gesicht strahlt in hellem Glanz, sein Aussehen wird verwandelt. Und seine Kleider leuchten. Das Lukasevangelium erzählt, dass diese Verwandlung, diese Verklärung beim Gebet geschieht.

So zeigt der Evangelist, dass die Verklärung, die Erleuchtung nicht nur ein Phänomen ist, das Jesus auszeichnet. Es ist vielmehr auch für uns möglich, eine ähnliche Erfahrung zu machen, wenn wir von Jesus lernen, wie wir wahrhaft beten können. Auch für Cisneros ist das Gebet ein wichtiger Weg, auf dem wir innerlich erleuchtet werden, auf dem Gott uns befreit von allen Masken, die unser wahres Antlitz oft genug verstellen.

Die Evangelisten beschreiben Jesu Verklärung in verschiedenen Bildern. Matthäus spricht von »Metaphormose«: »Er wurde vor ihren Augen verwandelt, sein Gesicht leuchtete wie die Sonne, und seine Kleider wurden blendend weiß wie das Licht« (Matthäus 17,2).

Der Evangelist beschreibt hier in Jesus, was auch seinen Jüngern verheißen ist: »Dann werden die Gerechten im Reich ihres Vaters wie die Sonne leuchten« (Matthäus 13,43). Markus sagt von den Kleidern Jesu, dass sie strahlend weiß wurden, »so weiß, wie sie auf Erden kein Bleicher machen kann« (Markus 9,3). Lukas spricht davon, dass das Aussehen von Jesu Gesicht ein anderes wurde und seine Gewänder wie die Sonne leuchteten. Die Gewänder sind Zeichen, ein Bild für die Person: Jesus strahlt Licht und Schönheit aus.

Die drei Evangelisten sind fasziniert von der Erfahrung des verklärten Jesus auf dem Berg. Mit der Verwandlung beschreiben sie das eigentliche Bild, das immer in Jesus war, das aber für die Jünger oft unsichtbar geblieben ist. Auf dem Berg leuchtet dieses ursprüngliche Bild Jesu für die Jünger auf. Lukas will uns mit seiner Deutung deutlich machen, dass wir Gleiches erfahren können, wenn wir wie Jesus auf den Berg steigen, uns absondern von den Menschen und in aller Stille beten. Im Gebet werden wir manchmal frei von den Masken und Rollen, die unser wahres Wesen verstellen. Dann leuchtet unser inneres Licht auf und wird durch unsere helle Ausstrahlung auch für andere Menschen erfahrbar.

Als Jesus so verwandelt war, erschienen auf einmal Mose und Elija. Die Kirchenväter deuten ihr Erscheinen so, dass beide wie Jesus vierzig Tage gefastet haben. Das Fasten hat sie gereinigt und ihr wahres Wesen zum Leuchten gebracht. Tertullian meint: Beide waren Genossen seines Fastens. So war es angemessen, dass sie auch Genossen seiner Verklärung wurden. Das Evangelium von der Verklärung wird immer am zweiten Sonntag der Fastenzeit verkündet. Darin wird deutlich, dass wir in unserem Glauben davon überzeugt sind, durch das Fasten von manchen Rollen und Masken frei zu werden und dass das ursprüngliche Bild Gottes in uns reiner und klarer aufleuchtet.

Man kann die beiden Gestalten, Mose und Elija, noch anders deuten: Mose ist der Führer, der sein Volk Israel aus der Gefangenschaft Ägyptens heraus und in die Freiheit des Gelobten Landes geführt hat. Und er ist der Gesetzgeber des Volkes. Der Evangelist Lukas möchte mit dem Erwähnen seines Erscheinens deutlich machen: Wenn wir beten wie Jesus, dann werden wir von den Ketten der Gefangenschaft durch unsere Triebe und Leidenschaften, unsere Ängste und Zwänge befreit. Das Gebet erhebt uns über die Niedrigkeiten dieses Lebens.

Der Wüstenvater Evagrius Ponticus hat das Gebet so verstanden, dass es den Menschen über seine eigene Natur und auf die Ebene der Engel hebt: »Der Mensch, der wirklich betet, ist den Engeln gleich« (Über das Gebet, Nr. 113). Zudem bringt das Gebet den Menschen in seine wahre Ordnung. Evagrius meint, dass der Geist des Menschen von Natur aus auf das Gebet hin angelegt ist (vgl. Praktikos, Nr. 49). Im Beten erkennen wir, wer wir in Wirklichkeit sind. Daher steht die Figur des Mose hier auch für die Ordnung beziehungsweise den Gesetzgeber. So können wir sagen: Im Gebet wird unsere Seele auf Gott ausgerichtet und wir kommen innerlich in Ordnung. Die Gebote werden dann nicht mehr äußere Forderungen sein, sondern wir tun von allein das Richtige, das, was den Geboten Gottes entspricht.

Elija steht hier als Symbol für die Figur des Propheten. Aber er musste als solcher lernen, dass es nicht nur darum geht, den richtigen Glauben zu verkünden. Denn Gott hat ihm am Berg Horeb deutlich gemacht, was wirkliche Gotteserfahrung ist: Er zeigt sich ihm nicht im Sturm, nicht im Erdbeben, nicht im Feuer, sondern im leisen Säuseln des Windes, »in der Stille verschwebenden Schweigens«, wie der jüdische Religionsphilosoph Martin Buber übersetzt. Das Gebet öffnet uns für die Erfahrung Gottes. Wir erfahren ihn in der Stille des Herzens, in einem Herzen, das wie das des Elija durch Gott geläutert worden ist.

Die Erfahrung des Glanzes, der Jesus, Mose und Elija umgibt, verwandelt auch die drei Jünger Jesu. Manche Exegeten übersetzen die Stelle so, als ob die Jünger eingeschlafen seien. Als sie dann aufwachten, sahen sie die drei Männer im Licht. Doch wenn wir den griechischen Text genau lesen, steht hier nicht, dass sie eingeschlafen, sondern »vom Schlaf beschwert« worden sind. Trotzdem blieben sie wach. Der evangelische Neutestamentler François Bovon meint, »dass ihr Zustand weder als Schlaf noch als Wachsein zu bezeichnen ist, sondern ein ›zweites‹ Bewusstsein, das die Bibel zum Beispiel Abraham (Genesis 15,12) und Daniel (Daniel 8,18 und Daniel 10,9) zuschreibt, als Gott mit ihnen kommuniziert« (Bovon, Lukas III/1, 498).

Es ist also ein ekstatischer Zustand, eine Art von Müdigkeit, die uns zu einem mystischen Schauen befähigt. Petrus reagiert auf diese mystische Erfahrung mit dem begeisterten Ausruf, er möchte drei Hütten bauen, weil er dieses wunderbare Erlebnis festhalten möchte. Doch die Erfahrung Gottes geht weiter: Eine Wolke naht und überschattet sie. Die Wolke ist ein Zeichen der Gegenwart Gottes. Als solche ist Gott dem Volk Israel in der Wüste nach dem Auszug aus Ägypten tagsüber vorangegangen. In die Wolke zu geraten bedeutet, die Gegenwart Gottes leibhaft zu erfahren. Die Jünger reagieren mit Furcht darauf, aber nicht mit Angst. Furcht ist Ausdruck einer intensiven Gotteserfahrung. Gott ist eben nicht nur das »Faszinosum«, das, was mich anzieht, sondern auch das »Tremendum«, das mich erschreckt, mir in die Knochen fährt. Es ist eine intensive Erfahrung, die mir zeigt, dass Gott ganz anders ist als ich. Aus der Wolke heraus vernehmen die Jünger Gottes Stimme: »Dieser ist mein Sohn, mein Erwählter, ihn hört!« So wie Mose am Berg Sinai Gott erfahren und seine Stimme gehört hat, so dürfen die Jünger jetzt auf dem Berg der Verklärung Jesus als den erfahren, in dem Gottes Herrlichkeit aufstrahlt und in dem Gott selbst unter ihnen gegenwärtig ist.

Stellen Sie sich vor, Jesus hat Sie eingeladen, mit ihm auf den Berg zu gehen. Sie können zwei Freunde oder Freundinnen mitnehmen. Überlegen Sie sich, wer das sein könnte. Dann gehen Sie gemeinsam mit Jesus schweigend auf den Berg. Jesus geht voraus und Sie folgen mit den beiden anderen. Nehmen Sie den Wald wahr, durch den Sie gehen. Dann lichtet er sich und Sie sehen eine kleine Bergkuppe. Auf diese geht Jesus zu. Als Sie oben angekommen sind, setzt sich Jesus und lädt Sie ein, im Kreis um ihn Platz zu nehmen. Sie meditieren zusammen. Plötzlich nehmen Sie Jesus in seiner wahren Gestalt wahr, mit einem freundlichen, strahlenden Gesicht voller Liebe und Milde. Dann lädt Jesus Sie ein, ihm drei Fragen zu stellen. Überlegen Sie sich: Was möchte ich Jesus fragen? Dann stellen Sie ihm die erste Frage und hören in der Stille in sich hinein, ob es in Ihrem Inneren eine Antwort auf diese Frage gibt. Sie brauchen nicht zu befürchten, dass Sie sich selbst die Antwort geben. Vertrauen Sie einfach dem, was als Antwort in Ihnen aufsteigt. Dann stellen Sie die zweite Frage und warten wieder, welche Antwort in Ihnen laut wird. Dann überlegen Sie noch einmal: Was ist die dritte Frage, die ich Jesus stellen möchte? Was möchte ich auf jeden

Fall wissen? Was ist mir wichtig? Dann stellen Sie die dritte Frage und warten wieder schweigend auf die Antwort, die sich in Ihrem Inneren formt. Schließen Sie diese drei Antworten gleichsam in einem Schatzkästchen in Ihrem Herzen ein und bewahren Sie sie darin auf. Verneigen Sie sich vor Jesus. Stellen Sie sich nun vor, wie Jesus aufsteht und Sie ihm wieder schweigend nach unten ins Tal folgen. Sagen Sie sich: Mit diesen Antworten gehe ich jetzt in meinen Alltag. Wie könnte sich dieser verwandeln, wenn ich an die drei Antworten in meinem Herzen denke? Mit welchen Gefühlen gehe ich zurück in meinen Alltag? Wie verwandelt sich dieser, wenn ich mit den Antworten im Innern meiner Seele in meine Familie, in meine Arbeit, in die Begegnungen mit anderen Menschen gehe?

RITUAL

Mein Ritual am zweiten Fastensonntag, wenn der Text von der Verklärung vorgelesen wird, ist, eine bestimmte Stelle aus dem Buch »Die Stundentrommel vom heiligen Berg Athos« von Erhart Kästner zu lesen und auf mich wirken zu lassen. So möchte ich Sie auch zu diesem Ritual einladen. Kästner schreibt:

»Was Verklärung, ganz allgemein, ist, kann in seinen kleinen Verhältnissen Aller und Jeder erfahren. Und erfährt es. Wenn anders Verklärung der Durchbruch des Eigentlichen durchs Schemenhafte, des Lebendigen durch die Schatten, des Geliebten durchs Ungeliebte und die Ankunft des Langerwarteten ist, so weiß jeder, dass solche Momente es sind, um derentwillen wir leben. Verklärung ist Durchschein des Urbilds. Das wird von jedem Geborenen erhofft. Wir leben auf Verklärungen zu, worauf sollten wir sonst, es ist unsere angeborene Hoffnung. Mag es auch nur ein Handgeld, mag es auch nur ein erster, niederer Grad sein, was wir mit unseren beschränkten Organen erfahren: was es heißt, wenn sich uns ein Mensch, eine Heimat, ein Wort, ein im Vertrauen gesprochener Satz, wenn sich uns eine Stunde verklärt, das können wir immerhin wissen. Wo sonst auch knüpften wir an? Wenn also die

Griechen die Verklärungsgeschichte so lieben, so ist das ein lebenvertrauender Zug. Verklärung gehört zu unserer Erfahrung, sie gehört zu unserem Leben. Mit ihr beginnt erst das Leben. Und das weiß auch Jeder, dass nur die Liebesblicke es sind, die die Kraft der Verklärung besitzen« (Kästner, 25f).

Lassen Sie diese Worte einfach auf sich wirken und sich von ihnen in eine tiefe innere Stille führen. Vielleicht wird es dann ein Augenblick der Verklärung für Sie sein.

Die Erleuchtung des Auges

LUKAS 11,33–36

In dieser biblischen Erzählung ist vom sprichwörtlichen Licht, das man nicht unter den Scheffel stellen soll, die Rede. Matthäus hat dieses Wort Jesu auf ethische Weise interpretiert, das heißt: Er meint damit, dass die Menschen in unseren guten Taten das Licht sehen sollen, das von uns ausgeht (vgl. Matthäus 5,16). Lukas dagegen interpretiert es auf mystische Weise: Von unserem Auge, von unserem Leib soll das Licht ausstrahlen. Es geht um die Ausstrahlung des ganzen Menschen, die durch sein Sein, sein Sprechen, sein Tun sichtbar wird.

Lukas greift mit dem Satz »Die Leuchte des Leibes ist das Auge« (Lukas 11,34) Ideen der griechischen Philosophie auf. Die stoische Philosophie versteht das Auge wie eine Leuchte, die Lichtstrahlen in die Welt sendet.

Empedokles erklärt das Auge als Leuchte mit dem Bild eines Menschen, der in die dunkle Winternacht hinausgeht und sich mit einem Sturmlicht ausrüstet, um trotz der Dunkelheit sehen zu können. Platon verbindet die Strahlen, die vom Auge ausgehen, mit den Strahlen der Sonne: Das Auge sendet nur dann helles Licht aus, wenn es sich mit den Strahlen der Sonne verbindet.

Wenn wir die Worte des Lukasevangeliums mit diesen Ideen der griechischen Philosophie unterlegen, dann heißt das für mich: Nur wenn das Auge klar ist, wenn es einfach ist, nicht getrübt durch negative Einflüsse, kann es eine gute Leuchte sein, die helles Licht ausstrahlt. Wenn das Auge klar ist, dann wird auch der ganze Leib hell.

Wie ist dieser Zusammenhang zu verstehen? Das Auge sendet nicht nur Strahlen in die Welt aus, damit wir sie sehen können, sondern ebenso nach innen, in den Leib, in die Seele. Aber es empfängt auch das Strahlen der Sonne. Für die Christen ist Christus die Sonne. Wenn wir mit dem Licht Christi nach innen schauen, in den Leib, in die Tiefen der Seele, wenn wir alles in uns vom Licht Christi erhellen lassen, dann bekommt der ganze Leib eine helle und klare Ausstrahlung.

»Wenn dein Auge böse ist, ist auch dein Leib finster« (Lukas 11,34) – wir kennen Menschen, die eine negative Ausstrahlung haben. Diese spiegelt sich häufig schon im Blick: Wir spüren manchmal die Gier, die darin liegt, oder etwas Flackerndes, Unangenehmes. Manche Augen wollen einen scheinbar durchbohren, besitzen, ausziehen, bloßstellen. Wir spüren, dass Auge und Leib zusammengehören.

Wir sollen uns bemühen – so sagt Jesus –, dass das Licht in uns nicht Finsternis wird. Jesus selbst ist das Licht. Und dieses Licht leuchtet in uns. Aber wir können es verdunkeln durch unsere Bosheit, durch unsere Gier, durch unsere Sucht, alles zu beherrschen.

Das Licht Christi leuchtet in uns durch das Wort, das Jesus zu uns spricht. Aber es ist auch ein inneres Licht, das in uns brennt, wenn wir eine tiefe mystische Erfahrung machen. Diese mystische Erfahrung wird aber nur dann möglich sein, wenn wir das Licht Christi auch in alle dunklen Bereiche unseres Leibes und unserer Seele leuchten lassen. Wenn wir in unser Inneres hineinschauen, entdecken wir oft Räume, die wir verschlossen haben, weil da Dinge liegen, die wir lieber nicht anschauen möchten. In diese Räume haben wir alles, was wir verdrängt haben, hineingesteckt. Es sind unsere Schattenseiten. Wenn wir sie aber nicht anschauen, nicht ausleuchten, werden sie dennoch nicht einfach verschwinden. Stattdessen werden wir unsere Energie darauf verschwenden, die Türen zu diesen Räumen geschlossen zu halten.

Es ist unsere Aufgabe, das Licht Jesu durch unser inneres Auge in alle Bereiche unseres Leibes und unserer Seele hineinstrahlen zu lassen. Nur wenn alles in uns erleuchtet wird, wird der Leib eine helle Ausstrahlung haben, wird es uns gutgehen. Dann wird es keinen finsteren Bereich mehr in uns geben und wird auch um uns herum alles licht sein. Wir selbst, unsere Augen und unser ganzer Leib wird vom Licht umstrahlt sein und diese lichte Ausstrahlung in unsere Umgebung hinein verbreiten. Wir werden wie eine Leuchte sein, die alles in uns und um uns herum mit ihrem Strahl erleuchtet.

Was Jesus hier beschreibt, entspricht unserer Erfahrung, denn jeder von uns kennt wahrscheinlich Menschen, von denen etwas Helles ausstrahlt. Ihre Gegenwart tut uns gut. In der Gegenwart anderer fühlen wir uns nicht wohl. Sie haben eine dunkle Ausstrahlung. Wir können oft gar nicht benennen, was es genau ist. Wir sagen dann nur: »Seine oder ihre Nähe tut mir nicht gut. Von ihm oder ihr geht etwas Unangenehmes, Unklares, Zwielichtiges aus.«

Wir können unsere Ausstrahlung nicht einfach ändern. Aber Jesus zeigt uns mit diesen Worten, dass wir daran arbeiten können, dass unsere Ausstrahlung heller wird. Unsere Aufgabe ist es, mit dem inneren Auge alles in uns zu erhellen und in alles das Licht Jesu eindringen zu lassen. Dann sollten wir mit diesen Augen auch auf unsere Mitmenschen schauen, damit wir etwas Gütiges, Liebevolles, Lichtes auf die Menschen ausstrahlen.

MEDITATION

Sie können sich hinsetzen oder, wenn Sie möchten, auch hinlegen. Schließen Sie die Augen. Schauen Sie dann mit Ihrem inneren Auge in Ihren Leib hinein. Beginnen Sie mit dem Gesicht. Lassen Sie das Licht Jesu in Ihr Gesicht strömen, damit es von innen heraus leuchtet.

Anschließend schauen Sie in Ihren Hals. Hat die Angst ihn zugeschnürt? Oder haben Sie zu viel hinuntergeschluckt, sodass Sie einen Kloß im Hals haben? Lassen Sie das Licht Jesu hineinströmen, damit sich alles auflöst und die Angst sich in Vertrauen wandelt.

Wandern Sie mit Ihrer Aufmerksamkeit weiter zu den Schultern. Spüren Sie hinein, ob Sie verkrampft sind. Lassen Sie das Licht Ihrer Augen in die Schultern strömen, sodass die Spannungen sich lösen. Dann spüren Sie in den Brustbereich. Lassen Sie im Licht die Liebe Jesu in das Herz und den Herzraum fließen, sodass Sie die Wärme spüren, die von diesem Licht ausgeht.

Gehen Sie weiter zum Bauchbereich. Hier können Sie sich fragen: Liegt etwas Unverdautes quer in mir? Trage ich noch alte Konflikte oder Kränkungen mit mir herum? Lassen Sie gerade in diese Bereiche das Licht ihrer Augen eindringen. Dann können Sie weiter in den Genitalbereich gehen und auch hier das Licht Christi eindringen lassen, damit alles von seiner Liebe durchdrungen wird.

Dann wandern Sie zu Ihren Beinen, lassen Sie in die Oberschenkel, den Kniebereich, die Waden und bis in die Füße das Licht des inneren Auges strömen, damit alles in Ihnen hell wird. Vielleicht fühlen Sie sich dann anders – bewusster, heller, lebendiger?

Setzen Sie sich entweder im Freien in die Sonne, wenn sie nicht zu sehr brennt, oder setzen Sie sich an Ihr Fenster, wenn gerade die Sonne hineinscheint. Schließen Sie die Augen. Dann lassen sie die Sonnenstrahlen vom Gesicht aus in Ihren ganzen Leib strömen. Stellen Sie sich vor, dass in den Sonnenstrahlen Jesu Liebe in Sie hineinströmt und alles in Ihnen erhellt und zugleich wärmt.

Bleiben Sie eine Zeit lang in der Sonne sitzen. Die Sonne lässt ihre Strahlen in Sie eindringen und zugleich umgibt sie Sie wie eine liebende und wärmende Atmosphäre. Genießen Sie, dass Sie in der Sonne sitzen und sich zugleich von der Liebe Jesu umgeben und durchströmt fühlen.

Alles wird vom Licht erleuchtet

EPHESER 5,8–14

Der Epheserbrief – vermutlich von einem Schüler des Apostels Paulus verfasst – erinnert die Christen daran, dass sie Kinder des Lichtes sind. Der Autor sieht die Christen hier auf dem Hintergrund der Menschen in ihrer Umgebung, die von vielen Lastern beherrscht werden. Der Text sagt: Diese Menschen leben in der Finsternis. Aber auch die Christen können sich auf der Zusage, dass sie Kinder des Lichtes sind, nicht ausruhen. Es ist ihre Aufgabe, alles Dunkle, das auch in ihnen noch vorhanden ist, aufzudecken und vom Licht erleuchten zu lassen.

Die Christen haben also keinen Grund, auf die Menschen in ihrer Umgebung herabzuschauen. Das Dunkle, das sie in den anderen erkennen, ist auch in ihnen selbst. Daher gilt es, alles Dunkle vor dem Licht Jesu Christi aufzudecken und von seinem Licht durchdringen zu lassen. Dann wird das Dunkle selbst zum Licht, zu einer Quelle des Lichtes. Dahinter steht eine optimistische Sicht auf unser Leben. Aber es ist nicht angenehm, alles Dunkle und Verborgene aufzudecken, es ans Licht zu bringen. Denn wir schämen uns oft genug für das, was da im Geheimen in uns an zerstörerischen und chaotischen Gedanken und Gefühlen verborgen ist. Es braucht Demut und Ehrlichkeit, das alles aufzudecken. Doch wenn wir bereit sind, dies zu tun und es in Jesu Licht zu halten, dann wird das Aufgedeckte – unsere Schwächen, unsere Leidenschaften – selbst zum Licht und der ganze Leib bekommt eine lichte Ausstrahlung. Denn es gibt nichts Dunkles mehr in uns. Das Licht Christi hat alles durchdrungen.

Der Epheserbrief schließt mit drei kurzen Gedichtzeilen, die offensichtlich aus einer altchristlichen Taufliturgie stammen, jetzt aber den Christen, die bereits getauft sind, zugesagt werden:

Zunächst heißt es, sie sollen aufwachen aus ihrem Schlaf. Das Bild des Schlafes war in der Gnosis sehr beliebt – eine Strömung, die teilweise außerhalb des Christentums, teilweise aber auch innerhalb der Kirche viele Anhänger fand und in der es um eine tiefere Erkenntnis Gottes und um Erleuchtung ging.

Die frühen Kirchenväter, vor allem Clemens von Alexandrien (150–215) und Origenes (185–254), haben auf diese Bewegung geantwortet und die Christen als die wahren Gnostiker beschrieben, als die, die wahrhaft durch Christi Licht erleuchtet sind. Die Kirchenväter greifen die Idee vom Schlafzustand vieler auf: Wir alle sind immer wieder in Gefahr, einzuschlafen, uns einlullen zu lassen durch irgendwelche Illusionen, die wir uns über unser Leben machen.

Christus weckt uns auf. Und er fordert uns auf, von den Toten aufzustehen. Vor der Taufe waren wir wie im Todesschlaf, durch die Taufe sind wir als Christen dann schon vom Tod auferstanden. Aber wir bleiben in Gefahr, wieder zu vergessen, dass dem so ist. So mahnt das Gedicht jetzt die Christen, sich daran zu erinnern, dass sie schon aus dem Todesschlaf auferstanden sind. Wenn sie das tun, dann wird ihnen Christus aufstrahlen, so wie ein Gestirn am Himmel neu aufstrahlt.

MEDITATION

Setzen Sie sich hin und stellen Sie sich vor, dass all das, was in Ihnen dunkel ist, was verborgen ist, was Sie verdrängt haben, was Sie nicht sehen wollen, in Ihnen hochsteigt. Sie decken es vor Christus auf. Sie lassen ihn in all das Verborgene und Versteckte hineinschauen und halten es ihm hin, damit er es mit seinem Licht durchdringt. Wenn Sie das einige Zeit getan haben, stellen Sie sich vor: Jetzt ist alles in mir Licht geworden. Ich kenne mich – mit meinen Abgründen und mit meinen ungezähmten Leidenschaften. Aber ich vertraue darauf, dass alles vom Licht Christi erleuchtet ist. Ich darf nun selbst Licht sein. Das kann ich nur in aller Demut und im Wissen um meine Begrenztheit und Sündhaftigkeit dankbar annehmen.

Wenn ich dieses Bild des Lichtes in mich eindringen lasse, belasten mich meine Fehler nicht mehr. Ich vertraue vielmehr darauf, dass Christus alles zu erleuchten vermag. Das kann ich nur mit tiefer Dankbarkeit als Gnade von Gott annehmen.

RITUAL

Wenn Sie die Exerzitien in einer Gruppe machen oder sich während der Woche zum Austausch über den Bibeltext treffen, könnten Sie das folgendes Ritual vollziehen. Dabei sollte die Leiterin oder der Leiter die Übung begleiten und zunächst erklären, was zu tun ist:

Suchen Sie sich zunächst einen Partner oder eine Partnerin. Stellen Sie sich im Abstand von etwa einem Meter gegenüber auf. Einigen Sie sich darüber, wer zuerst die Augen schließt. Wer dies dann tut, versucht sich selbst mit dem inneren Auge anzuschauen, ohne sich zu bewerten. Er sendet mit seinem inneren Auge Licht in den eigenen Leib. Dann bleibt er blind stehen. Der Partner, die Partnerin schaut ihn nun von vorne an, ohne ihn zu bewerten. Er oder sie versucht bewusst, den anderen mit einem reinen Auge anzuschauen, das ihn oder sie einfach sein lässt, wie er oder sie ist, und das Gute und Schöne in ihm oder ihr entdeckt. Der oder die Blinde lässt das auf sich wirken und spürt dem nach. Dann geht der Schauende ein paar Schritte nach rechts, sodass er den anderen von der linken Seite anschaut, wieder mit einem Blick, der das Gute und Schöne im anderen wahrnimmt, ein reiner Blick ohne Absichten. Der oder die Blinde spürt nach, ob er den Unterschied zu der Seite spürt, die jetzt nicht angeschaut wird. Dann geht der oder die Schauende noch ein paar Schritte weiter und sieht mit dem reinen Auge die Rückseite des anderen an. Der oder die Blinde spürt auch in die Rückseite hinein, ob es angenehm oder unangenehm ist, von hinten angeschaut zu werden. Dann geht der oder die Schauende weiter und sieht die rechte Seite an und schließlich noch ein paar Schritte, sodass er den anderen wieder von vorne anschaut. Der oder die Angeschaute spürt in sich hinein, welche Erfahrung er oder sie mit diesem reinen und liebevollen Angeschautwerden gemacht hat, wie er oder sie sich fühlt.

Dann öffnet der oder die Blinde die Augen und beide schauen sich an, ohne sich zu fixieren, sondern einfach indem sie den anderen sein lassen, wie er oder sie ist, ohne zu bewerten, ohne ihn oder sie für sich zu vereinnahmen, ohne sich vor dem anderen beweisen zu müssen. Dann verneigt sich der, der den Blinden angeschaut hat, vor dem Geheimnis dieses Menschen. Anschließend tauschen die Partner die Rollen. Danach können Sie sich austauschen, welche Erfahrung Sie mit diesem Schauen und Angeschautwerden gemacht haben.

Gott hat uns erleuchtet

2 KORINTHER 3,18 UND 4,5f

Der Exeget Hans-Josef Klauck übersetzt den Vers 3,18 aus dem zweiten Brief des Paulus an die Korinther so: »Wir alle aber schauen wie in einem Spiegel mit enthülltem Angesicht die Herrlichkeit des Herrn und werden verwandelt in eben dieses Bild hinein von Herrlichkeit zu Herrlichkeit, gleichwie vom Herrn des Geistes her« (Klauck, Konflikt und Versöhnung, 41). Paulus beschreibt hier unsere christliche Existenz. Aus dem Alten Testament ist ihm bekannt, dass wir Gott nicht direkt schauen können. Aber wir können wie in einem Spiegel die Herrlichkeit Jesu Christi schauen. Indem wir in diesen Spiegel schauen, werden wir selbst in das Bild Jesu Christi verwandelt und haben so teil an seiner Herrlichkeit. Paulus greift an dieser Stelle ein beliebtes Bild seiner Zeit auf: das der Verwandlung. Er geht davon aus, dass seine Leser das Werk des römischen Dichters Ovid über die »Metamorphosen«, Verwandlungen, kennen. Zudem waren in Korinth Mysterienkulte beliebt, in denen man eine Verwandlung des Menschen durch das Schauen in einen Zauberspiegel erwartete.

Als Christen schauen wir nicht in einen magischen Zauberspiegel, sondern in den Spiegel Jesu Christi. Durch dieses Schauen werden wir in seinen Glanz verwandelt, in seine Schönheit, in seine Herrlichkeit. Das Bild Christi bildet sich in uns ein und durch sein Bild auch seine Schönheit. So kommen wir in Berührung mit dem ursprünglichen und unverfälschten Bild, das Gott sich von jedem von uns gemacht hat. Jeder spiegelt das einmalige Bild Jesu auf seine persönliche Weise wider.

Wir finden in dieser Textpassage Aussagen, die die mystische Erfahrung des Paulus beschreiben. Aber sie zeigen uns auch einen Weg, wie wir selbst eine mystische Erfahrung machen können, die uns verwandelt und uns mit dem Glanz Jesu Christi erleuchtet. Hans-Josef Klauck beschreibt die Verwandlung so: »Der Glanz göttlicher Herrlichkeit bestimmt die Existenzweise des auferstandenen Herrn, dem wir uns als Glaubende betrachtend und staunend nahen. Seine Herrlichkeit ergreift und verwandelt uns in einem dynamischen Prozess, der nicht mehr zur Ruhe kommt. Das bewirkt der Auferstandene an uns durch das Medium seines Geistes, der auch die Art und Weise seiner Anwesenheit in der Gemeinde der Glaubenden darstellt« (Klauck, Konflikt und Versöhnung, 42).

Wenn wir in der Meditation das Bild des auferstandenen Christus betrachten, wird sein Bild sich immer tiefer in uns einbilden und uns mit seinem Glanz durchdringen. Dann wird auch unser Gesicht anders. Wir brauchen nicht mehr wie Mose im Alten Testament unser Gesicht zu verhüllen. Der Glanz Christi will durch unser verwandeltes Antlitz auch die Menschen um uns herum erfreuen.

Eine ähnliche mystische Erfahrung beschreibt Paulus in 2 Korinther 4,6: »Der Gott, der sprach: Aus Dunkelheit soll Licht aufleuchten, der hat es auch hell werden lassen in unseren Herzen, damit aufleuchten kann die Erkenntnis der Herrlichkeit Gottes auf dem Antlitz Jesu Christi« (Klauck, Konflikt und Versöhnung, 43). Bei seinem Bekehrungs- und Berufungserlebnis hat Paulus – so ist es in der Apostelgeschichte beschrieben – plötzlich ein Licht geschaut, das ihn vom Himmel her umstrahlte (Apostelgeschichte 9,3). Hier im Korintherbrief bezieht sich Paulus auf dieses Erlebnis und schildert es als das Licht, das Gott bei der Schöpfung hat aufstrahlen lassen. In der Schöpfungsgeschichte heißt es: »Gott sprach: Es werde Licht. Und es wurde Licht. Gott sah, dass das Licht gut war« (Genesis 1,3f).

Bei seiner Bekehrung ist Paulus dieses Licht in seinem Herzen aufgestrahlt. Die Bekehrung ist also wie eine neue Schöpfung. Gott selbst greift ein und lässt im Herzen des Bekehrten das Licht aufstrahlen. Die Bekehrung ist ein neuer Schöpfungsakt Gottes, »der in seiner Güte Menschen aus der Dunkelheit ins Licht führt und ihre finsteren Herzen erleuchtet« (Klauck, Konflikt und Versöhnung, 45). Unsere Aufgabe als Christen besteht darin, dieses Licht in der Welt aufleuchten zu lassen, indem wir die Worte Jesu den Menschen verkünden und so Licht in ihr Leben bringen. Aber die Worte allein genügen nicht. Das Licht soll auch in unserer Ausstrahlung für die Menschen erfahrbar werden.

MEDITATION

Falls Sie eine Christus-Ikone zu Hause haben, setzen Sie sich in Ruhe vor das Bild und betrachten Sie es. Falls nicht, suchen Sie im Internet nach einer solchen Darstellung, drucken Sie sie wenn möglich aus oder betrachten Sie sie am Bildschirm.

Stellen Sie sich vor, wie das Bild Christi sich immer mehr in Sie einbildet und Sie mit dem Licht und Glanz erfüllt, die von der Ikone ausgehen. Die Ikonenmaler haben Christus immer auf einem goldenen Hintergrund abgebildet, sodass der goldene Glanz alles Dunkle in uns erhellt, wenn wir die Ikone betrachten. Vertrauen Sie darauf, dass das Bild Christi Sie durch die Meditation mehr und mehr verwandelt.

Es stellt keine Forderungen, dass Sie sich verändern sollten. Es wirkt einfach auf Sie ein, wenn Sie es betrachten. Und es erfüllt Sie nicht nur mit dem Licht Christi, sondern auch mit seiner Liebe und Güte. Trauen Sie den Worten des Apostels Paulus, der von einer Neuschöpfung spricht.

Das Licht, das in Ihnen aufleuchtet, lässt das Ursprüngliche und Unverfälschte in Ihnen hell werden. Gott hat sich von jedem Menschen ein einmaliges Bild gemacht. Wenn wir das Bild Christi betrachten, wird durch seinen Glanz dieses ursprüngliche und unverfälschte Bild in uns sichtbar und leuchtet in seinem reinen Glanz in uns auf.

Meditieren Sie die Christus-Ikone in dem Vertrauen, dass das Bild Christi sich mehr und mehr in Sie einbildet und Sie immer tiefer verwandelt. Danken Sie für dieses Geschenk Gottes und genießen Sie es in aller Demut.

RITUAL

Zünden Sie eine Kerze an und setzen sich davor. Dann stellen Sie sich vor, dass das Feuer der Kerze auch in Ihnen brennt. Die Kerze erhellt alles Dunkle mit einem milden Licht und wärmt die innere Kälte auf. Stellen Sie sich weiter vor, dass in Ihnen das Feuer des Heiligen Geistes brennt. Die frühen Mönche sahen das als ein wichtiges Ziel ihres geistlichen Lebens an: ganz Feuer zu werden. Jesus selbst sagt: »Ich bin gekommen, Feuer auf die Erde zu werfen. Wie froh wäre ich, es würde schon brennen« (Lukas 12,49).

Die mystische Interpretation dieses Wortes meint: Jesus möchte, dass sein Feuer des Heiligen Geistes und sein Feuer der Liebe, das in ihm brennt, auch in unseren Herzen zu brennen beginnt. Dann werden wir ganz und gar verwandelt. Dann geht von uns ein Feuer aus, das auch die Welt um uns herum wärmt. Stellen Sie sich vor, dass die Flamme der Kerze Ihre eigene innere Flamme entzündet und dass von Ihrem Herzen das Feuer der göttlichen Liebe in die Welt hineinstrahlt, zuerst in den Raum, in dem Sie gerade sitzen, dann zu den Menschen, mit denen Sie leben, und anschließend in die Stadt, in der Sie wohnen.

Der Weg der Einung

Der Weg der Einung ist der dritte und letzte Abschnitt der Exerzitien nach dem benediktinischen Mönch Cisneros. Nachdem der Übende nun schon Reinigung und Erleuchtung erfahren hat, wird er jetzt mit seinem Schöpfer vereinigt, »indem er sich an seiner Vollkommenheit erfreut und sich danach sehnt, ihm allein sofort und freudig zu gefallen. Hier preist er ihn, hier lobt er ihn, hier staunt er über ihn und ist ganz von seiner Liebe entflammt«. Damit diese Liebe in ihm lebendig bleibt, soll er immer wieder tagsüber das kurze Gebet sprechen: »O Herr, wie kann ich dich mit unerschütterlicher und völliger Liebe umarmen?«

Auch für Evagrius Ponticus ist das Ziel des kontemplativen Weges die Liebe. Nach seiner Ansicht entsteht diese Liebe aus der *apatheia*, aus der »Reinheit des Herzens«. Nur wer sein Herz gereinigt hat von den Trübungen durch die Leidenschaften, ist fähig, wirklich zu lieben. Die Liebe verbindet alles, was im Menschen gespalten ist, und eint ihn mit Gott. Ähnlich wie Platon und Paulus in seinem Brief an die Korinther (1 Korinther 13) betrachtet Evagrius die Liebe als eine göttliche Kraft, an der der Mensch teilhaben darf. Das reine Herz öffnet den Menschen für diese göttliche Liebe auf dem Grund seiner Seele. Wenn er an dieser Liebe teilhat, erfährt er, was Johannes in seinem ersten Brief geschrieben hat: »Gott ist Liebe. Wer in der Liebe bleibt, bleibt in Gott, und Gott bleibt in ihm« (1 Johannes 4,16). Wer sich der Liebe hingibt, die auf dem Grund seiner Seele strömt, der erfährt Gott, der die ganze Welt durchdringt. Er wird eins mit ihm. Mystik meint das Einswerden mit Gott, das Einswerden mit der Welt, die von Gottes Liebe durchdrungen ist, und das Einswerden mit allen Menschen, die an der Liebe Gottes teilhaben.

Mystik ist die Erfahrung der göttlichen Liebe, die sich in uns hinein inkarnieren will. Sie ist schon in uns. Sie strömt schon in unserem Leib. Aber oft sind wir von dieser Liebe abgeschnitten. Wenn wir mit ihr in Berührung kommen, finden wir zu unserem wahren Wesen und erleben eine innere Freiheit, ein Einssein mit uns selbst und mit allen Menschen und mit Gott. Dann vollendet sich der Weg der Selbstwerdung und wir entsprechen unserem wahren Wesen. Dieses Einswerden ist zugleich ein Heilwerden. Wir werden auch mit dem eins, was wir bisher in uns verdrängt, was wir von unserem Selbst abgespalten haben. Spaltung macht krank. Das Einswerden überwindet die Spaltung und schenkt uns inneren Frieden und Versöhnung mit uns selbst, mit allem, was in uns ist. Die Mystiker haben das Einswerden oft mit der Geburt Christi in unserem Herzen beschrieben.

Die Geburt Christi auf dem Grund unserer Seele führt nach Ansicht des italienischen Psychiaters Roberto Assagioli zur »Befreiung von unseren Komplexen und Illusionen, von unserer Identifikation mit den verschiedenen Rollen, die wir im Leben spielen, mit den verschiedenen Masken, die wir tragen« (Assagioli, 111). Der mystische Weg zur Einswerdung ist daher immer auch ein therapeutischer Weg der Heilung und Befreiung von krankmachenden Lebensmustern.

In der Mystik ist nicht in moralischen Kategorien von der Liebe die Rede. Sie fordert uns nicht auf, zu lieben, sondern führt uns vielmehr zur Quelle der Liebe, die in uns strömt, und die uns mit Gott, mit allen Menschen und mit der ganzen Schöpfung vereint. Das Neue Testament spricht immer wieder von dieser göttlichen Liebe, der *agape*, der reinen Liebe, die in Jesus aufleuchtet und mit der er uns durchdringt. Sie ist die Kraft, die das Getrennte miteinander verbindet: Geist und Trieb, das Helle und das Dunkle, das Starke und das Schwache. Die Liebe macht uns also ganz, sie lässt uns eins werden mit uns. Diese Einheit mit uns selbst ist das Ziel menschlicher Selbstwerdung. Die Liebe hebt die Spaltung in uns auf, unter der viele leiden. Sie berührt alles in uns und verbindet es mit unserem Selbst und mit Gott. Die Liebe schafft dabei eine Einheit, die die Person nicht auslöscht. Im Buddhismus spricht man beispielsweise auch vom Einswerden. Aber das meint dort, dass die Person als Projektion erkannt und aufgelöst wird und man sich am Ende in den Einheitsgrund hinein fallen lässt. Die christliche Idee ist anders: Wir werden eins mit Gott, eins mit allen Menschen, eins mit dem Grund allen Seins, aber wir bleiben zugleich die einmalige Person, die wir als Mensch sind. Es ist wie das Einswerden zwischen Mann und Frau in der Sexualität. Sie genießen das Einswerden. Aber zugleich bleibt jeder auch eine eigenständige Person.

Dionysius Areopagita, ein griechischer Theologe, der um das Jahr 500 lebte, verband Gedanken des Neuplatonismus mit der christlichen Lehre und hat die mystische Theologie seither stark beeinflusst. Er übertrug die neuplatonische Idee des Einsseins auf das Mönchtum, indem er das Wort »Mönch« – *monachos* – nicht von *monazein*, »sich trennen« ableitete, sondern von *monas*, »Einheit«. Der Mönch ist also einer, der die ursprüngliche Einheit des Menschen erlangen möchte, indem alle Gegensätze in ihm eins werden.

Nach Carl Gustav Jung ist der Mensch voller gegensätzlicher Pole. Normalerweise lebt er nur einen Pol. Der andere wird verdrängt und gerät dann in den Schatten. Vom Schatten aus wirkt er sich oft destruktiv auf den Menschen aus. Das Ziel des Mönches ist für Dionysius, alles Gegensätzliche in sich miteinander zu verbinden. Der Mönch ist also der Wortdefinition folgend ein Bild für gelungene Selbstwerdung. Zudem strebt er danach, mit Gott eins zu werden. Wenn der Mönch mit sich und mit Gott eins ist, geht von ihm eine angenehme und friedvolle Ausstrahlung aus. Weil er mit sich im Frieden ist, strahlt er auch Frieden in seine Umgebung aus. In seiner Nähe kommen auch die Menschen mit sich in Frieden. Und sie spüren mit ihm eine Herzensverbindung. Sie fühlen sich mit ihm eins. Daher ist dieses Einssein nie nur etwas für den einzelnen Menschen. Es strahlt vielmehr in die Gesellschaft aus.

Im Folgenden möchte ich wiederum vier biblische Texte meditieren, die etwas über die göttliche Liebe und das Einswerden mit Gott, der reine Liebe ist, aussagen. Es sind zugleich mystische Texte, aber sie beinhalten auch Wege der menschlichen Selbstwerdung, der Ganzwerdung. Die Bibel bezeichnet diesen Zustand als Vollkommenheit. Das meint aber nicht Perfektion, sondern ein Ganzsein, Vollendetsein, Ungeteiltsein, Ungebrochensein, ein vollkommenes Einssein. Jesus beschreibt das mit einem schönen Bild: Gott »lässt seine Sonne aufgehen über Bösen und Guten, und er lässt regnen über Gerechte und Ungerechte« (Matthäus 5,45). Wir werden eins mit uns selbst, wenn wir die Sonne unserer Liebe über alles leuchten lassen, was in uns ist, und wenn wir unsere Zuwendung über das Gerechte und Ungerechte in uns regnen lassen. Dann wird alles in uns verwandelt und eins miteinander. Zugleich haben wir teil an Gott und werden eins mit ihm, dem Grund aller Einheit.

Die Hochzeit zu Kana

JOHANNES 2,1–12

Ein Text, der uns vom Einswerden mit Gott erzählt und der zugleich die Bedeutung der Liebe bei diesem Prozess betont, ist die Erzählung von der Hochzeit zu Kana. In diesem Abschnitt steckt mehr als die Erkenntnis, dass Jesus gerne auf Hochzeiten ging und mit den Menschen gefeiert hat. Alles, was hier berichtet wird, hat eine symbolische Bedeutung. Das beginnt schon in der Einleitung: »Am dritten Tag fand in Kana in Galiläa eine Hochzeit statt, und die Mutter Jesu war dabei« (Johannes 2,1).

Johannes beginnt sein Evangelium mit dem Auftreten Johannes des Täufers. Im Weiteren leitet er dreimal einen Abschnitt mit »am Tag darauf« ein (Johannes 1,29.35.43). Der dritte Tag nach den vier Tagen, von denen Johannes bisher berichtet hat, ist also der Sabbat. An diesem Tag vollendet sich die Schöpfung, wie es im Alten Testament in der Schöpfungsgeschichte nachzulesen ist.

Die Hochzeit zu Kana beschreibt das Geheimnis der Menschwerdung Gottes in Jesus Christus. In Jesus wird der Mensch wieder so hergestellt, wie er in der Schöpfung ursprünglich gedacht war. Zugleich erinnert der dritte Tag an den dritten Tag nach dem Kreuzestod Jesu, an dem er auferstanden ist. In der Auferstehung Jesu wird unser Leben verwandelt und sozusagen mit göttlichem Wein erfüllt, wenn man im Bild dieser Geschichte bleibt. In Jesus feiert Gott Hochzeit mit den Menschen. So wie Mann und Frau sich miteinander verbinden, so wird in der Menschwerdung und der Auferstehung Jesu der Mensch mit Gott eins.

Johannes steigt in die Geschichte ein, indem er erzählt, was das Wesentliche an dieser Hochzeit ist: Den Leuten ist der Wein ausgegangen. Sie wollten feiern, aber es gelingt ihnen nicht. Der Wein steht für die Liebe. Die Hochzeit kann nicht gelingen, wenn die Liebe fehlt. Mit diesem Bild drückt Johannes die eigentliche Not des Menschen – nicht nur des Hochzeitspaares – aus: Sie haben keine Liebe mehr. Sie sind unfähig zur Liebe. Jesus kommt zu den Menschen, um sie wieder liebesfähig zu machen.

Es gibt nur sechs steinerne Wasserkrüge. Sechs steht als Zahl symbolisch für die Unvollkommenheit: Das Leben der Menschen ist unvollkommen. Es besteht nur aus Arbeit, Mühe und Plage. Es ist erstarrt, wie die steinernen Krüge symbolisieren. Das Wasser in diesen Krügen diente eigentlich zur Reinigung – ein Ritual, das zur damaligen Zeit gebräuchlich war, wenn man ein Haus betrat oder zu einer Feier, einem Mahl zusammenkam. Doch die wahre Reinigung geschieht nicht durch alte Riten, sondern durch die Menschwerdung Jesu. In ihr hat Gott den Menschen gereinigt und in seiner ursprünglichen Schönheit wiederhergestellt.

Die Mutter Jesu war bei dieser Hochzeit ebenfalls anwesend. Sie hat im Johannesevangelium nur hier zu Beginn des Wirkens Jesu und am Ende unter dem Kreuz eine wichtige Funktion. Auch darin wird eine tiefe Symbolik sichtbar: Maria setzt hier das Wandlungswunder in Gang.

Sie hat das Wunder der Menschwerdung durch die Geburt ihres Sohnes ermöglicht. Sie ist die Pforte, durch die Jesus zu den Menschen kommt. Maria führt ihn sozusagen bei den Menschen ein. Sie spürt als erste den Mangel und weist Jesus auf den ausgegangenen Wein hin. Man könnte Maria hier auch als Bild für die *anima* sehen. *Anima* steht für die weibliche Seite in uns. Sie also spürt, woran es uns mangelt. Psychologisch betrachtet steht diese Einsicht der *anima* in uns am Beginn jedes Wandlungsprozesses.

Auf den Hinweis Marias antwortet Jesus seiner Mutter nun sehr distanziert: »Was willst du von mir, Frau? Meine Stunde ist noch nicht gekommen« (Johannes 2,4). Johannes schildert hier nicht die persönliche Beziehung Jesu zu seiner Mutter. Ihm geht es vielmehr darum, deutlich zu machen, an welchem Punkt Jesus in seinem irdischen Dasein gerade steht: »Seine Stunde« ist die Stunde seiner Verherrlichung am Kreuz und der Auferstehung. Wenn seine Stunde gekommen ist, dann erst gibt es den Wein in Fülle. Er selbst ist der Wein, der »das Herz des Menschen erfreut« (Psalm 104,15). In der Stunde seines Todes wird er sein Herz für uns öffnen. Dann können wir den Wein trinken, der daraus strömt. Denn der wahre Wein ist die

Liebe Gottes, die aus dem geöffneten Herzen Jesu kommt. Maria versteht die Antwort Jesu auch nicht als Zurückweisung. Sie glaubt vielmehr an ihren Sohn, an seine verwandelnde Liebe – schon vor dem Zeichen, das er im Weinwunder setzt. Die Jünger glauben erst nach dem Zeichen (Johannes 2,11).

Die steinernen Krüge in dieser Geschichte sind Bilder für das Erstarrte einer rigorosen Gesetzesfrömmigkeit, der Wein dagegen ein Zeichen für Lebendigkeit und Freude, für das Evangelium, die Frohe Botschaft. Unser Leben bekommt durch die Menschwerdung Jesu einen neuen Geschmack. Mit Wasser kann man nicht feiern. Das Hochzeitsfest, das verzaubert und uns eins werden lässt mit Gott, braucht den Wein. Wein ist immer ein Symbol für die Liebe. Sie allein ermöglicht die Feier der Hochzeit, die Feier des Einswerdens mit Gott und miteinander.

Voller Symbolik steckt auch die Bemerkung über den Speisemeister: »Er wusste nicht, woher der Wein kam; die Diener aber, die das Wasser geschöpft hatten, wussten es« (Johannes 2,9). Die Frage nach dem Woher ist typisch für das Johannesevangelium. Es ist letztlich die Frage nach dem Ursprung Jesu und des Menschen überhaupt. Wer aber weiß, dass Jesus vom Vater kommt, der versteht die Erzählung vom Weinwunder, der versteht das ganze Evangelium. Die Diener, die wissen, woher der Wein kommt, stehen für die Leser, die durch den Prolog des Evangeliums wissen, woher dieser Jesus kommt. Das Woher bezieht sich aber auch auf den Leser selbst: Woher kommt der Mensch? Wir kommen von Gott her, in ihm haben wir unseren wahren Grund.

Wichtig ist die Bemerkung des Speisemeisters: »Du hast den guten Wein bis jetzt zurückgehalten« (Johannes 2,10). Mit Jesus ist die Zeit gekommen, den Wein in Fülle zu trinken, Hochzeit zu feiern mit Gott. Der Leser soll durch dieses Wort erkennen, was durch Jesus in diese Welt eingebrochen ist, dass das Leben durch ihn einen neuen köstlichen Geschmack bekommen hat.

Johannes nennt dieses Wunder das erste Zeichen. Sieben davon wird er in seinem Evangelium schildern. Bei den Synoptikern, also den übrigen drei Evangelisten, werden Jesu Wundertaten als *dynameis*, also als Krafttaten bezeichnet. Johannes dagegen spricht von *semeia*, Zeichen. Es sind Zeichen für die Herrlichkeit Gottes, die in Jesus aufleuchtet, für die Verwandlung des Menschen und das Einswerden des Menschen mit Gott.

Die Exegeten haben sich gefragt, woher das Motiv der Hochzeit als Beschreibung der Menschwerdung Gottes in Jesus Christus kommt. Fündig wurden sie in der sogenannten jüdischen Apokalyptik – und Johannes konnte davon ausgehen, dass seine Leser diese Tradition kannten. Hier taucht immer wieder das Bild der Endzeit auf, in der Wein in Fülle vorhanden sein wird. Die Heilszeit ist die Zeit des ewigen Festes. In Jesus hat die Heilszeit in ihrer Fülle begonnen.

Rudolf Bultmann, einer der bekanntesten evangelischen Neutestamentler des 20. Jahrhunderts, weist zudem auf eine Parallele zum Dionysoskult hin: Am Vorabend des Dionysosfestes, also in der Nacht vom 5. auf den 6. Januar, stellte man in Elis, einer griechischen Stadt, drei leere Krüge im Tempel auf, die dann am anderen Morgen voll Wein waren. Ob sich Johannes auf die Dionysoslegende bezieht, ist zweifelhaft. Aber zumindest hat die frühe Kirche diesen Bezug hergestellt, denn am 6. Januar feierte man Epiphanie, die Erscheinung Gottes. Und an diesem Fest wurde das Evangelium von der Hochzeit zu Kana vorgelesen. Die frühe Kirche sah in Jesus die Erfüllung der dionysischen Sehnsucht nach Ekstase, nach Rausch, nach Verwandlung. Jesus ist nicht der Asket wie Johannes der Täufer, der Verzicht predigte. Er bringt die Fülle des Lebens.

Dionysos war auch der Gott der Liebe und der Sexualität. Was die Menschen sich von beidem ersehnen, das wird in Jesus erfüllt. In ihm ist Gottes Liebe sichtbar, berührbar, trinkbar geworden. Sie gibt unserem Leben einen neuen, einen berauschenden Geschmack. Jesus ist nicht als Gegensatz zu Dionysos gedacht, wie es Friedrich Nietzsche verstanden hat, sondern seine Erfüllung und die Erfüllung der Sehnsucht nach Ekstase, für die er steht. Hölderlin hat zurecht versucht, Dionysos und Jesus zusammen zu sehen: die Sehnsucht nach ekstatischer Liebe und die Sehnsucht nach der Kontemplation, in der Gottes Herrlichkeit und Liebe in das Herz des Menschen strömt.

Stellen Sie sich vor: Im Atem strömt Gottes Liebe in Sie ein und durchdringt Ihren Leib und Ihre Seele. Gottes Liebe durchdringt alles in Ihnen. Alles in Ihnen wird durch die Liebe in die Einheit mit Gott gehoben. Versuchen Sie, in aller Stille dieses Einssein zu spüren. Wenn Sie mit Gott eins sind, sind Sie auch eins mit der ganzen Schöpfung, denn Gottes Geist und Gottes Liebe durchdringen die ganze Schöpfung.

Die Meditation des Einsseins mit Gott und mit allem, was ist, verwandelt Ihre Selbsterfahrung. Sie spüren, wer Sie eigentlich sind. Sie erkennen Ihre Würde. Aus dieser Erfahrung des Seins folgt ein neues Verhalten. Das Sein ist das Erste. Das Sollen folgt dem Sein. Wenn das neue Sein sich nicht in einem neuen Verhalten ausdrückt, dann wäre die Erfahrung des Einsseins nur ein narzisstisches Kreisen um sich selbst. Das Einssein verlangt eine neue Beziehung zu allem, was ist, und ein neues Verhalten. Aber das braucht immer wieder die Erfahrung des neuen Seins, des Einsseins mit Gott, die Erfahrung der Liebe auf dem Grund der Seele, aus der dann ein liebevolles Verhalten strömen kann.

Wenn Sie möchten, trinken Sie allein oder im Kreis der Menschen, die mit Ihnen diese Exerzitien vollziehen, ein Glas Wein. Tun Sie es ganz langsam und bewusst. Behalten Sie den ersten Schluck eine Zeit lang im Mund und schmecken Sie ihn, schmecken Sie den Geschmack der Liebe, aber auch der Erde, denn jeder Wein trägt diesen Geschmack in sich. Dann lassen Sie den Schluck langsam die Kehle herunterlaufen. Spüren Sie, wie der Wein den ganzen Körper durchdringt und alles miteinander verbindet. Spüren Sie zu den anderen Menschen im Kreis hin: Der Wein, den Sie schweigend gemeinsam trinken, verbindet alle miteinander.

Die Frauenmystik des Mittelalters spricht von der *dulcedo dei*, von der »Süßigkeit Gottes«, die wir in der Eucharistie genießen dürfen. Dieser süße, angenehme Geschmack Gottes verbindet uns miteinander. Er schafft ein angenehmes Einssein. Trinken Sie langsam Schluck für Schluck schweigend miteinander. Spüren Sie, dass der Wein die Grenzen zwischen Ihnen immer mehr aufhebt und Sie eins sein lässt mit sich selbst und miteinander und letztlich mit Gott, dessen Liebe Sie im Wein durchdringt und miteinander vereint.

Das Mahl der Einswerdung

LUKAS 14,15–24

Ein Mahl miteinander zu halten, war für die Menschen in der Antike etwas, das besonders feierlichen Charakter hatte. Von der Symbolik her ist es ein Bild für die Ganzwerdung des Menschen, für das Einswerden mit Gott, mit sich selbst und den anderen Mahlteilnehmern. Es ist also eine Ehre, zum Mahl geladen zu werden. Gott lädt uns alle ein zu diesem Festmahl.

Doch nicht alle nehmen die Einladung auch an. In diesem Text ist von drei Gästen die Rede, die nicht zum Mahl kommen. In diesen drei Typen von Gästen können wir uns selbst wiederfinden:

Der erste Gast entschuldigt sich damit, dass er einen Acker gekauft hat. Der Acker steht für den Besitz. Oft ist uns der Besitz wichtiger, als das Mahl der Einswerdung zu feiern. Besitz hat die Tendenz, uns von anderen zu trennen, weil wir glauben, ihn gegenüber anderen sichern zu müssen.

Der zweite Gast entschuldigt sich mit den fünf Ochsengespannen, die er gekauft hat. Die Ochsengespanne stehen für den Erfolg. Wer auf den Erfolg aus ist, der vergisst, den Weg der Ganzwerdung, der Selbstwerdung zu gehen. Er ruht sich auf seinem Erfolg aus. Nach Ansicht von Carl

Gustav Jung ist ein erfolgreiches Leben der größte Feind der Verwandlung, weil diese Menschen sich denken: »Ich bin ja schon erfolgreich, also stimmt alles mit mir.« Der Erfolgreiche hat kein Interesse, an dem Mahl der Ganzwerdung teilzunehmen. Er meint, er hätte doch schon alles, was er braucht.

Der Dritte entschuldigt sich mit der Heirat. Im Thomasevangelium, das ein ähnliches Gleichnis erzählt, entschuldigt sich der Dritte damit, dass sein Freund Hochzeit feiert und er die Feier organisieren muss. Mit dieser Ausrede ist gemeint, dass uns manchmal die Beziehungen zu anderen wichtiger sind als die Beziehung zu Gott. Gottes- und Nächstenliebe gehören zusammen. Aber es gibt auch eine Art von Beziehung, die uns von Gott trennt, vor allem dann, wenn wir nur um die Beziehung kreisen, ohne sie für die Beziehung zu anderen Menschen und zu Gott zu öffnen.

Im Gleichnis ist der Herr wütend über diese Absagen und schickt seinen Diener aus, er solle stattdessen die Armen und Krüppel, die Blinden und Lahmen von der Straße einladen. Ursprünglich bezog Jesus dieses Gleichnis auf die Gesellschaft seiner Zeit: Nachdem die führende Schicht Israels seine oder Gottes Einladung abgelehnt hat, ermöglicht er es den Armen und Schwachen, am Festmahl teilzunehmen. Doch wir können das auch als Symbol für uns selbst verstehen. Dann meint es: Gerade dort, wo wir schwach sind und krank, sind wir offen für den Geist Gottes, für das Einswerden mit Gott. Alles in uns wird in die

Einheit mit Gott hineingenommen: das Arme und Verkrüppelte, das Blinde und Lahme in uns. Gerade dort, wo wir verwundet sind, sind wir offen für Gott. Von Gott her ist es eine Großzügigkeit, dass alles in uns, gerade auch das Schwache und Verletzte, eins werden kann mit ihm.

Im Gleichnis heißt es jetzt weiter: Als der Saal mit den Armen und Kranken noch immer nicht voll ist, schickt der Herr nochmals seinen Diener aus. Jetzt soll er außerhalb der Stadt auf allen Plätzen und Straßen die Menschen dazu drängen, zum Fest zu kommen. Vordergründig geht es hier darum, dass Jesus beziehungsweise Gott nicht nur die Menschen aus dem jüdischen Volk einlädt, sondern dass gerade auch die Völker außerhalb Israels, die sogenannten Heiden eingeladen sind, am Mahl teilzunehmen.

Wenn wir diese Einladung aber als Symbol für uns selbst nehmen, dann meint das: Alles, was wir in unserem Leben erlebt haben, auch das, was außerhalb der Stadt liegt, also außerhalb dessen, was uns heute bewusst ist, was wir schon vergessen haben oder woran wir uns nicht gerne erinnern, ist eingeladen, eins zu werden mit Gott. Unsere Aufgabe ist es, alles in die Einheit mit uns selbst hineinzunehmen. Wir sollten nichts von dem, was in uns ist, was wir erlebt haben, von der Beziehung mit Gott ausschließen. Wenn alles in uns in die Beziehung zu Gott kommt, werden wir auch selbst damit eins. Und wir erleben unsere Person in Gott mit all den Erfahrungen, die wir in unserem Leben gemacht haben.

Meditieren Sie dieses Gleichnis, indem Sie sich vorstellen: Gerade dort, wo Sie seelisch verkrüppelt, verstümmelt oder blind sind, sind Sie offen für Gott. Und gerade dort kann das Einswerden mit Gott geschehen.

Alles, was Sie je erlebt haben – Gutes und Böses, Gelingen und Misslingen, Erfolg und Misserfolg, Schönes und Schreckliches –, ist in Ihnen und wird durch die Begegnung mit Gott eins mit ihm. Sie selbst nehmen es in Ihre Einheit auf.

Sie können sich auch bewusst die Eucharistiefeier vorstellen: Dort geschieht das konkret, was das Gleichnis aussagt. Wenn Sie kommunizieren, durchdringt Jesus mit seiner Liebe alles, was in Ihnen ist. Alles ist zum Festmahl mit ihm geladen.

Eine weitere Möglichkeit: Stellen Sie sich vor, dass nicht nur Sie allein zum Festmahl geladen sind, sondern auch die Armen und Verkrüppelten, die Blinden und die Lahmen und die, die irgendwoher kommen. Mit ihnen allen werden Sie eins.

Die mystische Einheit ist nicht nur ein Privileg für Sie allein, sondern sie verbindet Sie mit allen Menschen. Das Einssein mit Gott lässt Sie auch eins werden mit allen Menschen auf der ganzen Welt.

Wenn Sie sich das vorstellen, spüren Sie eine tiefe innere Ruhe. Zugleich fühlen Sie sich zugehörig zur großen Menschheitsfamilie und zu Gott. In Gott sind Sie eins mit allem, was ist.

Das älteste Einheitssymbol, das nicht nur im Christentum als solches verstanden wird, ist das Kreuz. Es meint die Einheit aller Gegensätze. Jesus sagt im Johannesevangelium: »Vom Kreuz herab werde ich alle an mich ziehen« (Johannes 12,32). Am Kreuz umarmt uns Jesus mit all unseren Gegensätzen.

So möchte ich Sie zu folgendem Ritual einladen: Stellen Sie sich aufrecht hin und kreuzen die Arme über der Brust. Dann sagen Sie sich: »Weil ich von Christus am Kreuz umarmt werde, umarme ich in mir das Starke und das Schwache, das Schöne und das Unansehnliche, das Gesunde und das Kranke. Ich umarme das, was ich in mir sehe, und das, wofür ich blind bin. Ich umarme in mir das Vertrauen und die Angst, die Ruhe und die Unruhe, die Freude und die Trauer, das Lebendige und das Erstarrte, das Gelungene und das Misslungene, den Glauben und den Zweifel.«

Vielleicht spüren Sie dann, wie Sie eins, wie Sie ganz werden. Alles in Ihnen darf sein, weil es von Jesus am Kreuz umarmt wird. Was umarmt wird, das wird miteinander verbunden, das bekämpft sich nicht mehr gegenseitig. Wir werden eins mit all den Gegensätzen, die in uns sind. Wir müssen das, was wir an uns selbst ablehnen, nicht mehr in den Schatten verdrängen, von dem Carl Gustav Jung spricht. Es versöhnt sich miteinander, stärkt uns und schenkt uns neue Möglichkeiten und Fähigkeiten.

Einssein wie der Vater und der Sohn

JOHANNES 17,21–23

Diese Worte aus dem sogenannten Hohepriesterlichen Gebet werden meistens als Bitte Jesu um die kirchliche Einheit verstanden. Die Gemeinde Jesu soll miteinander eins sein. Wenn wir heute diese Worte lesen, denken wir sofort an die Einheit der christlichen Konfessionen und die Sehnsucht nach der einen Kirche. Diese Sicht ist legitim. Doch wenn wir diesen Text aus dem Johannesevangelium auf dem Hintergrund der griechischen Philosophie lesen, können wir ihn auch auf mystische Weise verstehen.

Für die griechische Philosophie war die Idee des Einen (*to hen*) zentral. Parmenides spricht von dem einen Grund, auf den alles zurückgeht. Dieses Eine ist ungeworden und unvergänglich, unwandelbar und vollendet. Heraklit versteht den Begriff des Einen noch einmal anders: Das Eine ist die Zusammenfügung von Gegensätzen. Für ihn ist es der *logos*, der das Viele und Gegensätzliche miteinander verbindet. *Logos* ist Griechisch und heißt eigentlich übersetzt »Wort«. Aber es kann auch Einsicht bedeuten. Für Heraklit ist der *logos* das Weltgesetz, das den ganzen Kosmos durchdringt und miteinander verbindet. Der Philosoph Werner Beierwaltes definiert den *logos* bei Heraklit als die »unsichtbare Harmonie, die das Unstimmige mit sich übereinstimmen lässt« (Beierwaltes, Hen, 447). Für

Parmenides und Heraklit hat das Eine jedoch den Charakter des Göttlichen. Gott ist letztlich der eine Grund, der alles miteinander vereint.

Platon führt diese Philosophie des Einen weiter und Plotin entfaltet die Lehre des Platon letztlich zu einer mystischen Philosophie. Ihm geht es darum, alles Fremde und Verdeckende abzulegen, um zum eigenen Wesen, zum einen Grund vorzustoßen. »So wie der Bildhauer alles Fremde und Verdeckende wegmeißelt, bis er das im Stein verborgene Bild herausgearbeitet hat« (Beierwaltes, Reflexion und Einung, 12).

Wenn wir auf dem Hintergrund der griechischen Philosophie des Einen auf die Worte Jesu schauen, dann können wir sie so interpretieren: Die Menschen sollen miteinander eins sein, sie sollen den einen Grund erkennen, der sie alle miteinander verbindet. In der Tiefe sind die Menschen miteinander eins, weil sie alle an dem einen Grund teilhaben. Plotin formuliert das so: »Alles Seiende ist durch das Eine seiend« (Beierwaltes, Reflexion und Einung, 22). Wir sind alle durch das Eine, und daher sind wir auch eins miteinander. In der Tiefe unserer Seele haben wir teil an allen Menschen. Das ist der erste Aspekt des Einsseins, den Jesus seinen Jüngern zuspricht.

Der zweite Aspekt wird deutlich in dem Wort: »Wie du, Vater, in mir bist und ich in dir bin, sollen auch sie in uns sein« (Johannes 17,21). Der Mensch Jesus ist ganz und gar eins mit dem Vater. Er ist im Vater und der Vater ist in ihm. Die menschliche Natur ist also in Gott hineingehoben und mit Gott eins geworden. Das ist die Verheißung, die Jesus uns macht: Unsere menschliche Natur, unser Leib, unsere Seele, unsere Emotionen, unsere Leidenschaften, unsere Bedürfnisse, unsere Erdenschwere – all das ist durch Jesus hineingenommen in Gott. Wir werden eins mit uns selbst, wenn uns das bewusst wird, dass alles in uns von dem Einen, von Gott, durchdrungen, zusammengehalten und geeint wird. Indem die Seele in ihr Inneres geht, wie es die Mystik der griechischen Kirchenväter beschreibt, gelangt sie zu Gott als dem tiefsten Grund und erfährt in diesem Grund ein Einssein von Leib und Seele, von Geist und Materie, von Mensch und Gott. Diese mystische Erfahrung des Einsseins will sich im Einssein der Menschen untereinander entfalten. Die Mystik führt zur Ethik, das Sein zum Sollen. Aus dem inneren Einssein ergibt sich der Anspruch an die christliche Gemeinde, auch miteinander eins zu sein – »eines Sinnes«, wie Paulus das formuliert.

Für den Evangelisten Johannes ist die Menschwerdung Gottes in Jesus Grund für unser Einswerden mit Gott und mit den Menschen. Er beschreibt das so: »Niemand ist in den Himmel hinaufgestiegen außer dem, der vom Himmel herabgestiegen ist: der Menschensohn« (Johannes 3,13). Dieses Hinabsteigen, das mit der Menschwerdung beginnt, gipfelt in der Fußwaschung, in der sich Jesus hinabbeugt bis zu den Füßen seiner Jünger, um sie zu reinigen und zu heilen. Die Fußwaschung ist zugleich Bild für das, was im Kreuz geschieht: Da steigt Jesus hinab in die Dunkelheit und Bosheit der Menschen, um sie zu reinigen, zu heilen und zu verwandeln. Zugleich ist das Kreuz Zeichen für die Verherrlichung Jesu. Da erscheint der Lichtglanz Gottes. Die Liebe besiegt den Hass. Alles wird im Kreuz in Gott hineingehoben. Dieser Prozess ist auch ein Bild für unseren Prozess des Einswerdens: Wir müssen mit Jesus hinabsteigen in die Tiefen unserer Seele, in das, was Carl Gustav Jung den Schatten nennt, indem all das Verdrängte in uns haust, in dem auch sadistische und masochistische Tendenzen vorhanden sind. In alle Tiefen hinein steigt Jesus, um es in Kreuz und Auferstehung und Himmelfahrt in Gott hinein zu heben. So wird der mystische Weg zugleich zu einem therapeutischen Weg. Denn wenn alles in uns in Gott hineingehoben wird, wird alles heil und ganz.

Jesus wiederholt hier noch einmal die Bitte: »Sie sollen eins sein, wie wir eins sind, ich in ihnen und du in mir. So sollen sie vollendet sein in der Einheit« (Johannes 17,22f). Dabei werden zwei Aussagen miteinander verbunden. Zum einen geschieht das Einswerden, weil Jesus zugleich in uns ist und der Vater in Jesus. So entsteht eine innere Einheit. Zum anderen wird der Mensch in der Einheit vollkommen, ganz, vollendet. Im Griechischen heißt es: »damit sie vollendet werden in das Eine hinein«. Wir werden ganz, wenn wir teilhaben an dem Einen. Und wir werden miteinander verbunden, wenn wir an dem einen Grund, an dem einen Gott teilhaben.

Dass dann die Christen durch die Liebe miteinander eins werden sollen, ist die Folge dieser mystischen Erfahrung. Gott ist selbst die Liebe. Und das Sein Jesu in Gott und unser Sein in Jesus ist ein Einssein in der Liebe. Die Liebe ist der Grund unseres Lebens, unseres Einsseins. Und diese Liebe, die als eine Kraft in uns ist, die alles miteinander verbindet, sollte dann auch als eine Haltung zu den Brüdern und Schwestern verwirklicht werden.

Setzen Sie sich ruhig hin, schließen Sie die Augen und steigen Sie dann mit dem Atem hinab in den Grund Ihrer Seele. Stellen Sie sich vor, dass Sie dort eins sind mit Gott, aber auch mit allen Menschen und mit der ganzen Schöpfung. Stellen Sie sich vor, dass auch Ihr Leib hineingenommen ist in Gott und dass die ganze Schöpfung von Gott durchdrungen ist, dass Gott der Grund allen Seins ist. Sie können diese Erfahrung wahrscheinlich nicht mehr beschreiben. Aber vielleicht erahnen Sie etwas von diesem Geheimnis.

Plotin hält diese Erfahrung für unbeschreiblich. Man kann sie nur schauen. Die Erfahrung dieses inneren Lichtes entspricht dem, was die Wüstenväter das »innere Feuer« nennen. Es ist das Feuer des Heiligen Geistes, das alles in uns erhellt und erwärmt. Augustinus hat das sehr schön beschrieben: »Durch Deine Gabe werden wir entzündet und emporgetragen; wir entbrennen und so gehen wir« (Beierwaltes, Reflexion und Einung, 34).

RITUAL

Am Kreuz breitet Jesus die Arme aus. Die Kirchenväter deuten diese Gebärde so, dass er die ganze Welt am Kreuz umarmt, dass er mit dem ganzen Kosmos eins wird. So lade ich Sie ein, die Gebärde Jesu am Kreuz nachzuahmen. Stellen Sie sich aufrecht hin und strecken Sie die Arme zur Seite aus, die Handinnenflächen sind nach vorne gerichtet. Bleiben Sie länger in dieser Gebärde und stellen Sie sich vor: Mein Leib hört nicht an meinen Fingern auf, meine Arme, Hände und Finger werden gleichsam ins Unendliche verlängert. Ich werde eins mit dem ganzen Kosmos. Die Lateiner sagen: *Nihil humanum mihi alienum* – Nichts Menschliches ist mir fremd. Bei dieser Kreuzgebärde können Sie sich sagen: Nichts Kosmisches ist mir fremd. Ich bin aus dem gleichen Sternenstaub gebildet wie der Kosmos. Ich bin eins mit den Menschen, mit den Tieren, mit den Pflanzen, mit der Materie. Alles in mir darf sein. Denn alles, was ich berühre, ist schon von der Liebe Jesu durchdrungen, die vom Kreuz in die ganze Welt ausgestrahlt ist. Bleiben Sie länger in dieser Gebärde, auch wenn Ihre Arme schwer werden. Vielleicht fühlen Sie dann eine innere Weite und Freiheit und ein Einssein mit allem, was ist. Das ist eine beglückende Erfahrung.

Der eine Leib und die vielen Glieder

1 KORINTHER 12,12–27

Paulus möchte mit diesem Text die Gemeinde von Korinth ermahnen beziehungsweise jene aus der Gemeinde, die glauben, spiritueller und stärker zu sein als die anderen. Er ermahnt sie, sich in die Gemeinschaft einzufügen und sich nicht über die anderen zu erheben. Es ist also ein moralischer Impuls, den Paulus den Korinthern hier gibt. Doch er nutzt für seine Ermahnung ein Bild aus der stoischen Philosophie: das Weltall, das vom *pneuma*, der göttlichen Kraft, durchdrungen wird. Das ganze All ist ein einziger Leib, der innerlich zusammenhängt. Hier wird sozusagen ein kosmisches Modell entworfen. Seneca formuliert diese kosmische Sicht so: »Dieses Ganze, das uns in sich begreift (das Weltall), ist eines und ist Gott. Wir sind Genossen von ihm und Glieder (eines großen Leibes)« (zit. nach Klauck, Der 1. Korintherbrief, 90).

Für die stoische Philosophie ist der Kosmos »ein großer Leib, der von der Sympathie durchwaltet ist« (Conzelmann, 252). Epiktet, ebenfalls ein stoischer Philosoph, versteht dieses Modell weniger kosmisch als eher von der Einheit der Menschen und Götter her gedacht. Er schreibt: »Alles, was du siehst, in dem Göttliches und Menschliches zusammengeschlossen sind, ist eins: Wir sind Glieder eines großen Leibes« (Conzelmann, 248). Damit dieser Leib lebendig und in Frieden bleibt, hat Gott uns die Liebe eingegeben und uns »verträglich« gemacht. Im Lateinischen heißt es: *sociabiles fecit*. *Sociabilis* ist das, was sich vereinen lässt, was sich verträgt. Daneben interpretiert die römische Tradition das Bild vom Leib auch politisch. Der Patrizier Menenius Agrippa hat im Jahre 494 vor Christus die aufgebrachte plebejische Stadtbevölkerung von Rom durch das Bild vom Leib und seinen Gliedern zu beruhigen versucht.

Paulus nimmt beide Aspekte des Bildes vom Leib und seinen Gliedern auf und deutet es im Blick auf die Gemeinde von Korinth: Durch die Taufe werden wir eingegliedert in den Leib Christi. Dort hat jedes Glied seine Bedeutung und seinen Wert. Daher gibt es keine Rangordnung, keine Höherstellung. Jedes Glied ist mit dem anderen verbunden und hat dem ganzen Leib zu dienen. Nur so wird die Gemeinde Christi auf Dauer in Frieden leben und sich gegenseitig befruchten.

Die Kraft, die den Leib zusammenhält, ist die Liebe, die Fürsorge, die Sympathie, wie sie die stoische Philosophie als das Band, das vereint, beschrieben hat. In der Gemeinde von Korinth geht es weniger um soziale Unterschiede als vielmehr um die Unterschiede der Charismen, also die Fähigkeiten, die dem Einzelnen von Gott gegeben werden. Die Korinther hatten eine fatale Neigung zur Gruppenbildung. Da gab es die Lehrer, die Propheten, die Zungenredner, die Enthusiasten. Sie alle sollten sich darüber bewusst werden, dass sie Glieder am einen Leib der Kirche sind. Alle haben ihre Bedeutung und Aufgabe, keiner ist besser oder schlechter als der andere.

Im Galaterbrief überträgt Paulus das Bild von der Taufe, die uns in den einen Leib Christi eingliedert, auf die geschichtlichen, natürlichen und sozialen Differenzen in der Gemeinde: »Ihr alle, die ihr auf Christus getauft seid, habt Christus (als Gewand) angelegt. Es gibt nicht mehr Juden und Griechen, nicht Sklaven und Freie, nicht Mann und Frau; denn ihr alle seid einer in Christus Jesus« (Galater 3,27f).

Für Paulus ist der Gedanke des einen Leibes und des Einsseins der Gläubigen zentral für sein Verständnis von Kirche, aber auch für sein Verständnis des einzelnen Christen. Wir sollen uns immer darüber bewusst sein, dass wir den gleichen Geist Jesu empfangen haben, der uns miteinander zu einem einzigen Leib verbindet. Wenn ein Glied leidet, leidet das andere mit. Wenn ein Glied sich freut, verbreitet sich diese Freude auch unter den anderen. In allem, was wir sind, was wir denken, reden und tun, hängen wir miteinander zusammen. Daher sind wir auch füreinander verantwortlich. Jeder prägt mit seinen Emotionen und Leidenschaften, aber auch mit seinen Gaben und mit seiner Liebe die Gemeinschaft mit. Wenn es uns aber nicht gut geht, dann werden wir getragen und genährt von den Gliedern, die gerade stärker vom Geist Jesu durchdrungen sind.

Stellen Sie sich die Gemeinschaft vor, in der Sie leben: die Gemeinschaft der Familie, die Gemeinde Ihres Wohnortes, die Gemeinschaft am Arbeitsplatz, im Verein oder auch die ganze Gesellschaft Ihres Landes, der Welt. Jeder und jede ist mit jedem verbunden. Das bedeutet aber auch: Jeder ist für jeden verantwortlich. Ich bin verantwortlich, mit welcher inneren Haltung ich den Menschen begegne. Wenn ich im Frieden mit mir bin, geht von mir auch Frieden aus auf die Gemeinschaft um mich herum. Umgekehrt gilt auch: Wenn es mir nicht so gut geht, bin ich getragen von den Menschen, die innerlich stärker sind als ich, von denen Wohlwollen und Frieden ausstrahlt.

Paulus übernimmt mit dem Bild vom Leib das stoische Konzept des Weltalls als eines einzigen Leibes. So können Sie sich vorstellen: Ich bin mit allen Menschen auf der ganzen Welt eins. Möchte ich in diesen Leib der Welt Liebe oder Hass strömen lassen? Möchte ich zur Einheit oder zur Spaltung beitragen? Sie müssen jedoch nicht nur etwas beitragen. Sie bekommen auch etwas vom Leib der Menschheit. Sie haben teil an der Vielfalt, an den vielen Begabungen, an den Traditionen, an der Hoffnung, am Glauben und an der Liebe. Sie fühlen sich zugehörig zu allem. Das tut

Ihnen gut. Sie erfahren etwas von dem, was Peter Schellenbaum das »All-Eins-Sein« nennt. Er meint, es gehe darum, das Alleinsein, das Einsamsein, in ein All-Eins-Sein zu verwandeln. Das verwandelt unsere Traurigkeit und erfüllt uns mit Frieden.

RITUAL

Sobald Sie aufgestanden sind und sich auf den Tag einstellen, lade ich Sie zu folgendem Ritual ein: Achten Sie auf Ihre Gefühle, auf Ihre Stimmung, auf die Gedanken, die in Ihnen hochkommen. Dann stellen Sie sich vor: Mit den Emotionen, die mich gerade beschäftigen, begegne ich heute den Menschen. Es ist meine Verantwortung, mit welcher inneren Haltung ich in den Tag gehe. Ich kann eine Lebensspur von Unzufriedenheit und Bitterkeit, von Vorwurf und Wut in diese Welt eingraben. Oder aber eine Spur von Liebe und Hoffnung, von Zuversicht und Milde, von Fröhlichkeit und Leichtigkeit. Überlegen Sie sich: Welche Spur möchte ich heute in diese Welt eingraben? Und bedenken Sie: Ihre Spur wirkt sich auf die Menschen, ja bis in den Kosmos aus. Die Quantenphysik sagt, dass unsere Gedanken und Gefühle bis in die Materie hinein wirken. Wenn Sie sich Ihrer Wirkung bewusst sind, werden Sie achtsamer und bewusster in den Tag gehen, und auch mit dem Bewusstsein, dass Sie für diese Welt wichtig sind, dass Sie für diese Welt heute ein Segen sein können.

Schlussgedanken

Wir sind die drei Wege der Mystik in diesen Exerzitien gegangen: den Reinigungsweg, Erleuchtungsweg und Einigungsweg. Die Wege folgen aufeinander. Aber sie sind auch miteinander verbunden. Wir gehen sie immer wieder von Neuem, denn auch wenn wir das Gefühl haben, mit Gott eins zu sein, haben wir es nötig, uns immer wieder zu reinigen und uns von Gottes Licht erleuchten zu lassen.

Der spirituelle Weg der benediktinischen Exerzitien ist auf der einen Seite ein individueller Weg, den jeder Einzelne zu gehen hat. Es geht darum, seine Seele zu reinigen, sie vom Licht Christi erleuchten zu lassen und mit Gott eins zu werden. Aber er bezieht sich auch auf das Miteinander. Benediktinische Spiritualität berücksichtigt immer schon die Gemeinschaft. Sie stellt uns auf einen gemeinsamen Weg. Den Weg der Reinigung geht der Einzelne immer schon mit Rücksicht auf die anderen Menschen in seiner Umgebung. Er reinigt sich, damit er die anderen nicht mit seinen ungereinigten Emotionen beschmutzt und ihre Stimmung eintrübt. Er geht den Weg der Erleuchtung, um auf seine Umgebung eine erhellende und heilende Ausstrahlung zu haben. Und er geht den Einigungsweg nicht nur aus persönlichem Interesse, damit er die Einheit mit Gott genießen kann. Er bezieht in diese immer schon die Einheit mit der Gemeinschaft, aber auch mit allen Menschen und mit der ganzen Schöpfung ein. Von Grund aus ist die benediktinische Spiritualität eine gemeinschaftliche Spiritualität und zugleich eine ökologische Spiritualität. Denn sie berücksichtigt immer auch die Beziehung zur Natur und zum ganzen Kosmos.

Benediktinische Spiritualität ist geprägt von der Spannung zwischen persönlich und gemeinsam, zwischen mystisch und politisch, spirituell und therapeutisch, Freiheit von der Welt und aktiver Gestaltung der Welt. Sie ist ein bewährter Weg zu Gott, aber zugleich auch ein Weg zum eigenen Selbst. Sie führt nicht nur zum Einswerden mit Gott, sondern auch zur Ganzwerdung und Selbstwerdung des Menschen. Und sie ist ein Weg, Wunden zu heilen und die innere Spaltung zu überwinden, die in die Krankheit führen kann.

Benediktinische Spiritualität ist zudem geerdet. Sie ist – ähnlich wie die Spiritualität der Wüstenväter, auf die sich Benedikt immer wieder bezieht – praxisorientiert und wird durch konkrete Übungen eingeübt. Daher habe ich nach jeder Meditation der biblischen Texte Fragen zur Meditation gestellt und Rituale empfohlen, in denen man das konkret einüben kann, was uns die Bibel zuspricht. Für die benediktinische Spiritualität spielt auch die Realitätskontrolle eine wichtige Rolle, das heißt: Die Realität muss zeigen, ob die Spiritualität wirklich stimmt, ob sie dem Geist Jesu entspricht oder ob sie sich mit frommen Überlegungen begnügt. Die Realität meint einmal die Beziehung zu den Mitmenschen und dann auch die Art der Arbeit. Am konkreten Verhalten zu den Menschen und in der Art und Weise der Arbeit kann man prüfen, ob die Spiritualität den Menschen wirklich verwandelt hat oder ob sie nur als frommer Deckmantel für egozentrisches Verhalten missbraucht wird.

So wünsche ich allen, die sich auf die benediktinischen Exerzitien einlassen, dass sie etwas von der fruchtbaren Spannung der benediktinischen Spiritualität erfahren, dass der Exerzitienweg sie innerlich reinigt, alles Dunkle in ihnen erhellt und sie befähigt, mit sich selbst, mit Gott, mit allen Menschen und mit der Schöpfung eins zu werden. Und ich wünsche Ihnen, dass Sie sich verbunden fühlen mit allem, was ist. Der Name »Benedikt« heißt übersetzt: »der Gesegnete«. Ich wünsche Ihnen, dass Sie durch die benediktinischen Exerzitien auf neue Weise zum Segen werden für viele Menschen.

Literatur

Assagioli, Robert: Psychosynthese und transpersonale Entwicklung, Paderborn 1992.

Baraut, Dom Cipriano: García Jiménez de Cisneros. Obras Completas, Montserrat 1964.

Beierwaltes, Werner: Hen, in: Reallexikon für Antike und Christentum, Band 14, Stuttgart 1988.

Beierwaltes, Werner: Reflexion und Einung. Zur Mystik Plotins, in: Grundfragen der Mystik, herausgegeben von Werner Beierwaltes, Hans Urs von Balthasar und Alois M. Haas, Einsiedeln 1974, S. 9–36.

Bernhart, Joseph: Philosophische Mystik des Mittelalters. Mit Schriften und Beiträgen zum Thema aus den Jahren 1912–1969, herausgegeben von Manfred Weilauff, Weißenhorn 2000.

Bovon, François: Das Evangelium nach Lukas, Evangelisch-Katholischer Kommentar zum Neuen Testament III,1, Einsiedeln 1989; Evangelisch-Katholischer Kommentar zum Neuen Testament III,2, Einsiedeln 1996.

[Un monje de Montserrat (s. XVI)] Compendio breve de ejercicios espirituales (Clásicos de espiritualidad, Band 29), herausgegeben von Javier Melloni, Madrid 2006.

Conzelmann, Hans: Der erste Brief an die Korinther (Meyers Kritisch-exegetischer Kommentar über das Neue Testament, Band 5, Göttingen 1969.

Evagrius Ponticus [Evagrios Pontikos]: Capita practica ad Anatolium, hrsg. von Jacques Paul Migne, Patrologia Graeca, Band 40, Sp. 1220–1252, Paris 1863.

Evagrius Ponticus [Evagrios Pontikos]: Der Praktikos. Hundert Kapitel über das geistliche Leben (Weisungen der Väter, Band 6), eingeleitet und kommentiert von Gabriel Bunge, Beuron 2. Aufl. 2008.

Evagrius Ponticus [Evagrios Pontikos]: Über das Gebet. Tractatus de oratione (Quellen der Spiritualität, Band 4), eingeleitet und übersetzt von John Eudes Bamberger, Münsterschwarzach, 2. Aufl. 2017.

Jiménez de Cisneros, García: Exerzitien des geistlichen Lebens. Exercitatorio de la vida spiritual (Quellen der Spiritualität, Band 20), herausgegeben, übersetzt und eingeleitet von Stephan Hecht, Münsterschwarzach 2021.

Kästner, Erhart: Die Stundentrommel vom heiligen Berg Athos © Insel Verlag Frankfurt am Main und Leipzig 1956. Der Abdruck des Textauszuges erfolgt mit freundlicher Genehmigung des Verlages.

Klauck, Hans-Josef: Konflikt und Versöhnung. Christsein nach dem zweiten Korintherbrief, Würzburg 1995.

Klauck, Hans-Josef: Der 1. Korintherbrief (Die Neue Echter Bibel. Kommentar zum Neuen Testament mit der Einheitsübersetzung, Band 7), Würzburg, 5. Aufl. 2009.

Maslow, Abraham: Eine Theorie der Metamotivation, in: Psychologie in der Wende, herausgegeben von Roger N. Walsh und Frances Vaugham, München 1985, S. 143–152.

Steinke, Johannes M.: Hat Ignatius seine Exerzitien abgeschrieben?, in: Geist und Leben. Zeitschrift für christliche Spiritualität, Vol. 82 (2009), S. 38–52.

Weisung der Väter, Apophthegmata Patrum, übersetzt von Bonifaz Miller (Sophia, Band 6), Trier, 8. Auflage 2009.

Der Originaltext benediktinischer Exerzitien
in deutscher Erstübersetzung aus dem Spanischen

García Jiménez de Cisneros

Stephan Hecht (Hrsg.)

Exerzitien des geistlichen Lebens

Exercitatorio de la vida spiritual

Broschur, 14,8 x 21,0 cm, 365 Seiten

Quellen der Spiritualität, Band 20

ISBN 978-3-89680-720-5

García Jiménez de Cisneros begann um 1492, das heruntergekommene Benediktinerkloster Montserrat (bei Barcelona) zu erneuern. In der Tradition der Benediktiner wollte er die Charaktere seiner Mönche für die Bewährung im Alltag so formen, wie es Benedikt von Nursia in seiner Klosterregel wünscht. Das dafür verfasste Buch *Exercitatorio de la vida spiritual*, das Buch der *Exerzitien des geistlichen Lebens*, wurde eine bedeutende Grundlage für das spirituelle Leben der Nachwelt:

Ignatius von Loyola kam 1521 nach Montserrat, um sich von einer Kriegsverletzung zu erholen. Er lernte dort das Exerzitienbuch kennen, aus dem er Aufbau und wesentliche Übungen für seine heute bekannteren Exerzitien übernahm.

Anders als bei Ignatius geht es Cisneros nicht um die Entscheidungsfindung in einer konkreten Lebenssituation: Die fortwährenden Übungen sollen befähigen, sich den alltäglichen Angelegenheiten besser widmen zu können. Ganz benediktinisch soll das ganze Leben in einem Gleichgewicht von »ora et labora«, von geistiger Übung und Arbeit, eingebettet sein.

Übersetzt und eingeleitet von Stephan Hecht,
mit einem Nachwort von Br. Dr. Ansgar Stüfe OSB